濱田浩一郎・著

明治維新を成し遂げた男の矜持

勝海舟×西郷隆盛

『氷川清話』『南洲翁遺訓』に
共通する「ゆるぎない精神」

青月社

はじめに　―勝海舟と西郷隆盛の英知に学べ―

勝海舟への「旅」

江戸城無血開城を成し遂げ、維新後は海軍卿など明治新政府の要職を歴任した勝海舟（一八二三～一八九九、通称は麟太郎）。

本書は、その談話集『氷川清話』を、処世術やリーダー論の観点から再編集し、西郷隆盛の『南洲翁遺訓』と比較して解説を加えたものです。

『氷川清話』には文芸論や時事論も掲載されていますが、それらはあえて採りあげず、現代人が読んで本当に有益と思われる部分のみを独断でピックアップしました。

海舟はどんな人間を前にしても、物怖じしないでつきあうことができました。

オランダ人をはじめ外国人とも気軽に交際しましたし、朝鮮や中国の政治家も、来日すると海舟に会いたがりました。海舟には国際性があり、途方もない人間的な魅力があったのです。

グローバル化が日々進行する現代、そんな海舟に学ぶべきことは多くあるのではないかと感じて本書を書き進めました。

海舟とその盟友・西郷の魅力を発見する旅に、読者のみなさんを今からご案内したいと思います。

海舟の半生

海舟は、文政六年、江戸の下級幕臣・小吉《こきち》と信子の間に生まれました。父の小吉は破天荒な人物で、吉原遊びを好み、喧嘩に明け暮れる不良旗本でした。長じてからの海舟も肝が据わっていますが、それは父の遺伝子を受け継いだのでしょう。

ちなみに、小吉は野宿の最中に崖から落ちて、睾丸《こうがん》（金玉）を怪我していますが、海舟も九歳の時、野良犬に局部を噛まれて、重い傷を負っています。親子ともども、金玉に傷を負ったわけですが、海舟が手術後に寝込んでいる時、小吉は水垢離《みずごり》と金毘羅《こんぴら》さんへの裸参りを毎晩し、息子を抱いて眠りました。親子の情愛が感じられますね。

さて、青年時代の海舟は、剣客・男谷《おだに》精一郎や島田虎之助の道場で剣を習い、厳しい修行の末、ついに直心影流《じきしんかげりゅう》の免許皆伝を得ます。剣術ばかりでなく蘭学にも関心を持ち、蘭和辞典の筆写に精を出しています。

努力の甲斐あって、一八五三年のペリー来航時にはすでに江戸で有数の蘭学兵術家となっており、田町に私塾を開いていました。その後、幕臣の大久保忠寛に見いだされ、一八五五年、蘭書翻訳の役に就きます。

同年には長崎の海軍伝習所に赴任し、オランダ士官から航海術の訓練を受けます。三年後、江戸に戻った海舟は、一八六〇年、日米修好通商条約の批准書交換のため、咸臨丸に乗ってアメリカに渡ります。異国の政治・経済・文化に衝撃を受け帰国した海舟は、西洋列強の脅威に対抗するため、近代海軍を建設する仕事に邁進しました。

神戸の海軍操練所で坂本龍馬をはじめ多くの志士と交流した海舟は、幕府の海軍ではなく「日本の海軍」を創るべく尽力しますが、そのために幕府の保守派ににらまれ、操練所は閉鎖に追い込まれます。操練所で脱藩浪人を多く抱えていたことも、保守派に危険視されていたのです。

海舟と西郷の出会い

この不遇な時代に、海舟は西郷と大坂で初対面を果たします。一八六四年のことです。この時、両者は意気投合。会談後、西郷は盟友の大久保利通に宛てて、海舟を賞賛する手紙を書いています。

一八六六年、軍艦奉行に復帰した海舟は、幕府による第二次長州征伐の停戦交渉という後始末を任されましたが、海舟は幕府よりも日本国全体のことを考えていましたから、幕府内で孤立していきます。

しかし、一八六八年、戊辰戦争の敗戦によって、窮地に立った幕府を救ったのは、海舟でした。新政府軍の東征という事態に対応可能なのは海舟しかいないということで、陸軍総裁に就任。早期停戦と江戸城の無血開城を主張したのです。新政府軍による江戸城総攻撃の直前、下参謀《しもさんぼう》の西郷隆盛と会談、その結果、江戸城下での市街戦は回避され、多くの人命が救われました。

維新後は一時駿府に退いていましたが、一八六九年に兵部大丞《ひょうぶたいじょう》（後の陸軍大臣・海軍大臣にあたる役職）に就任してからは、参議兼海軍卿、元老院議官など明治新政府の要職を歴任、一八九九年にこの世を去りました。

原典『氷川清話』について

波乱万丈の人生を歩んだ海舟の言葉を記したのが『氷川清話』という書物です。一方、海舟の思想は『氷川清話』に集約されているように思います。

明治時代、東京は赤坂の氷川神社近くに住んでいた海舟のもとには、国民新聞の人見一太郎、東京毎日新聞の島田一郎ほか多くの人々が訪れ、談話を聞き書きしました。談話は雑誌に掲載されたり、新聞へ連載されたりしましたが、その内容をまとめて本として出版(一八九七)したのが、海舟と交流があった土佐出身の陽明学者・吉本襄《のぼる》でした。

ところが、吉本は海舟の時局批判や明治政府を批判する箇所を削ったり、改ざんしたりしていました。

そうした吉本の手が入った部分を洗い出し、元の談話に戻したのが、江藤淳・松浦玲による『勝海舟 氷川清話』(講談社)でした。本書は、この書物を底本としています。

海舟と西郷 ～共鳴する魂

さて、二〇一八年の大河ドラマは、西郷隆盛を主人公にした『西郷《せご》どん』です。これから詳述するように、西郷と海舟はお互いを高く評価し、認め合っていました。

西郷といえば「敬天愛人」（天を敬い、人を愛する）の言葉で有名なように、政治家であると同時に思想家でもあるというイメージですが、その思想は『南洲翁遺訓』（一八九〇）に集約されています。

今回、『南洲翁遺訓』と『氷川清話』を対比させてみて、驚きました。人としての生き方に多くの共通点が見られたのです。

一例を挙げれば、西郷の『遺訓』には、「天地自然の道」のように「天」という言葉が多く登場しますが、海舟の漢詩にも「天の歩みを観ぜむ」「なすなかれ、天意に違うことを」といった文句が散見されます。「人を相手にせず、天を相手にせよ」「人事を尽くして天命を待つ」といった、目に見えない大きなものに身を委ねる態度が両者にはあったのです。

他にも共通点を挙げればきりがありません。

本書に記した言葉が、海舟と西郷の思想から望ましい人生の在り方や方針を見出し、さらによき人生を歩むきっかけとすることができれば、これに優る幸いはありません。

濱田浩一郎

勝海舟×西郷隆盛
明治維新を成し遂げた男の矜持

目次

第2章 「円転豁達《かったつ》の妙境 ～こだわりを捨てる」

第5章「処世の秘訣は誠の一字～過去・現在・未来」

凡例

・本文中の引用箇所の出典は、とくに断りのないかぎり左記の通りである。

勝海舟の言葉…　勝海舟著、江藤淳・松浦玲編『氷川清話』（講談社学術文庫、二〇〇〇）＝『清話』と略して表記

西郷隆盛の言葉…西郷隆盛著、猪飼隆明訳・解説『ビギナーズ 日本の思想　新版 南洲翁遺訓』（角川ソフィア文庫、二〇一七）＝『遺訓』と略して表記

・右記を底本とし、本書では適宜ルビや注釈を加えた。

序章

江戸開城談判

一八六八年三月十三日
〜勝海舟と西郷隆盛、両雄相見える

西郷は庭の方から、古洋服に薩摩風の引っ切り下駄をはいて、例の熊次郎という忠僕を従え、平気な顔で出て来て、これは実に遅刻しまして失礼、と挨拶しながら座敷に通った。その様子は、少しも一大事を前に控えたものとは思われなかった。

さて、いよいよ談判になると、西郷は、おれのいう事を一々信用してくれ、その間一点の疑念も挟まなかった。

「いろいろむつかしい議論もありましょうが、私が一身にかけて御引受けします」

西郷のこの一言で、江戸百万の生霊も、その生命と財産とを保つことが出来、また徳川氏もその滅亡を免れたのだ。もしこれが他人であったら、いや貴様のいう事は、自家撞着《どうちゃく》だとか、言行不一致だとか、沢山の兇徒《きょうと》があの通り処々に屯集して居るのに、恭順の実はどこにあるかとか、いろいろ喧《やかま》しく責め立てるに違いない。万一そうなると、談判は忽《たちま》ち破裂だ。しかし西郷はそんな野暮はいわない。その大局を達観して、しかも果断に富んでいたには、おれも感心した。(『清話』73頁)

度量と覚悟と誠実さ

冒頭に挙げたのは、よく知られた江戸開城交渉の一場面です。交渉の主役は、改めていうまでもなく、本書の主役でもある新政府側の大総督府下参謀・西郷隆盛、そして旧幕府側の陸軍総裁・勝海舟でした。

西郷のすごさは、海舟も語っているように、交渉に臨んで「あれはどうなっている、これはどうなっている」と細かく文句をつけて責めなかったことです。

相手のことを信用し、また、たとえ不測の事態があったとしても、その責任は一切自分が持つという度量と覚悟と誠実さ。これこそが西郷の素晴らしさなのです。

戦争において、相手のことを信用するのは困難です。幕末の北越戦争でも、長岡藩家老の河井継之助の「会津藩を説得しよう」との言葉を、新政府側の岩村精一郎は信用できず「時間稼ぎであろう」と断じ、ついには激烈な戦いに発展しています。相手の言葉を信用しなかったことによって巻き起こった惨事です。

西郷は「人を上手く丸め込んで、陰で策略をなす者は、その事が成就しようとも、物事をよく見抜く人がこれを見れば、醜いことが分かる。人に対しては、公平に真心を持って接するのが良い。公平でなければ英雄の心をつかむことはできない」との言葉を残しています。

西郷は、海舟を「どれだけ智略があるか底知れない人物」と認めていましたから、誤魔化しなど通用しないと頭から思っていたでしょう。英雄は英雄を知るのです。

弱者にこそ優しくあれ

海舟は談判中の西郷の様子を「おれがことに感心したのは、西郷がおれに対して、幕府の重臣たるだけの敬礼を失わず、談判の時にも、始終、座を正して手を膝の上に載せ、少しも戦勝の威光でもって、敗軍の将を軽蔑するというような風が見えなかった事だ」と描写しています。

自分のほうが有利・優勢なときに、相手に対して、丁寧に礼儀を尽くしているのです。劣勢に立たされている者、弱い者を追及せず、寛大な処置をしています。西郷はそういう人でした。

戊辰戦争で官軍に抵抗した庄内藩に厳しい処分を下さなかったのがよい例です。この処分に庄内藩の人々は感激し、西郷を慕うようになり、ついには『南洲翁遺訓』という言行録まで出版することになるのです。

天下で恐ろしいものを見た

西郷に関して、海舟はこんな話を述べています。

幕臣の人見寧《やすし》という男が、「西郷に会いたいから紹介状を書いてくれ」と海舟のもとにやって来ました。ところが、詳しく話を聞いてみると、人見には西郷を暗殺するもくろみがあるようです。

海舟は「この男は足下を刺す筈《はず》だが、ともかく会ってやってくれ」という内容の紹介状を書いて、人見に持たせてやりました。紹介状を読んだ西郷は、人見が自分を刺し殺しに来たと知りながらも「勝からの紹介なら」と言って対面するのです。

海舟も海舟なら、西郷も西郷です。

玄関で寝ていた西郷は、人見が姿を見せると悠然と起き上がり、こう言って、口を大きく開けて笑いました。

「私が吉之助だが、私は天下の大勢なんどいうようなむつかしいことは知らない。まあお聞きなさい。先日私は大隅の方へ旅行したその途中で、腹がへってたまらぬから十六文で芋を買って喰ったが、多寡《たか》が十六文で腹を養うような吉之助に、天下の形勢などいうものが、分る筈がないではないか」

若く血気盛んな人見も、西郷の先制攻撃に気を吞まれてしまい、挨拶もろくにせずに海舟のもとへ帰ってきて「西郷さんは、実に豪傑だ」と話したそうです。

海舟は「おれは、今までに天下で恐ろしいものを二人見た。それは、横井小楠《しょうなん》と西郷南洲だ」と言っています。

西郷のどこが恐ろしいか、海舟は具体的に語ってはいないのですが、この暗殺者との逸話には、その「恐ろしさ」が凝縮されていると感じます。西郷はみずからの身を捨てているのです。

幕末維新最大のハイライトの一つであり、海舟と西郷という二人の主役が相見えた「江戸開城談判」のワンシーンを、ここではご紹介しました。

いよいよ次章からは、海舟と西郷の驚くほど共鳴しあう思考を、いくつかのテーマに分けて見ていくとしましょう。

第1章

坦《たん》々《たん》たる大道のごとく

～自己修養の道

畢竟《ひっきょう》、自己の修養いかんにあるのだ

人物が出なければ、世の中は到底治まらない。しかし人物は、勝手に拵《こさ》へうといっても、それはいけない。世間では、よく人材養成などといって居るが、神武天皇以来、果して誰が英雄を拵へ上げたか。誰が豪傑を作り出したか。人材といふものが、さう勝手に製造せられるものなら造作はないが、世の中の事は、さうはいかない。人物になると、ならないのとは、畢竟《ひっきょう》、自己の修養いかんにあるのだ。決して他人の世話によるものではない。

(『清話』330頁)

幾たびか辛酸を歴《へ》て志始めて堅し。
※丈夫玉砕して甎全《せんぜん》を愧《は》ず。
※一家の遺事人知るや否や、
児孫の為に美田を買わず。

※志を持った男子は、玉となって砕けるとも、瓦のようになって長生きすることを恥とせよ
※我が家の家訓
（『遺訓』５条）

自分を磨くのは、自分しかいない

優れた人物は、どのようにして生まれるのか。

この問いかけに対し、海舟は「他人の教育によってつくられるのではない」と言います。自己の修養を重ねること、すなわち知識を高め、品性を磨き、人格形成に努めることこそが、人物をつくるというのです。「自分を磨くのは、自分しかいない」ということでしょう。

海舟はさらに、次のように説明します。

「試みに野菜を植えて見なさい。それは肥《こやし》をすれば、一尺ぐらいつつは揃って成長する。しかしながら、それ以上に生長させることは、いくら肥をしたって駄目だ。つまり野菜は、野菜だけしか生長することが出来ないのさ。文部省がやる仕事も、たいてい効能は知れている」

学校教育というのは、基本的に教師の力でもって生徒を成長させるものです。

しかし、人物というものは、学校教育を飛び越えてみずから学ぼうとすることによって誕生するのだと、海舟は言いたいのでしょう。

海舟のいう「人物」とは、お勉強ができる人ということではありません。ここでいう「人物」とは、人格者といったところでしょうか。いくら学校で道徳を教えこんでも、その道徳を実行するか否かは、最後は本人次第なのです。

海舟のところにある若者がやって来て「私は財産もなし、門地も賤《いや》しいから、自分独りで豪傑のつもりになっております」と言ったそうです。海舟は感心して「そのつもりで十年もやれ」と励ましたとのこと。エセ豪傑になって慢心するのはいけませんが、自分で自分を奮い立たせて、修養に励むことは必要なのです。

この海舟の言葉は、「児孫の為に美田を買わず」の一節であまりにも有名な西郷の漢詩と相通じるところがあります。

志を持ち続けるのも、棄てるのも、自分次第です。どのような苦難に遭ってもへこたれない人物こそ「真の男子」だと、西郷は言いたいのでしょう。

人間は平生踏むところの筋道が大切

「自分の心に咎《とが》めるところがあれば、いつとなく気がうえて来る。すると※鬼神と共に動くところの至誠が乏しくなって来るのです。そこで、**人間は平生踏むところの筋道が大切ですよ**」と※言って聞かせた。

この話を聞いて、おれも豁然《かつぜん》として悟るところがあり、爾来《じらい》、今日に至るまで、常にこの心得を失わなかった。

※神仏が守護する

※喜仙院が海舟に対して

（『清話』314頁）

世人の唱うる機会とは、多くは僥倖《ぎょうこう》の仕当てたるを言う。真の機会は、理を尽して行い、※勢を審《つまび》らかにして動くと云うに在り。平日国天下を憂うる誠心厚からずして、只《ただ》時のはづみに乗じて成し得たる事業は、決して永続せぬものぞ。

※時の勢い。情勢

（『遺訓』38条）

反面教師・喜仙院

海舟が「一生の御師匠様だ」と言って憚《はばか》らないのが、喜仙院《きせんいん》（きせん院）という一人の行者《ぎょうじゃ》でした。喜仙院は富籤《とみくじ》（宝くじ）の祈祷《きとう》がよく当たるといってたいそうな人気だったそうです。現代の我々からすると胡散臭い占い師に見えますが、海舟の父・小吉と喜仙院が知り合いということもあり、海舟もたびたび会いに行ったそうです。

ところが、やがて喜仙院は落ちぶれてしまい、汚い長屋に住むようになります。そんな喜仙院のもとへときどき野菜などを持って見舞ったというのですから、海舟は温かい心の持ち主ですね。

喜仙院は肉食妻帯、不倫と、やりたい放題の人物だったようですが、本人いわく、自分の占いが当たらなくなった背景には二つの事情があったそうです。

一つは、「富の祈祷」を頼みにやってきた素敵なご婦人を口説き落として肉体関係を持ったが、あとからすさまじい剣幕と眼力で叱られてしまい、すっかり気が滅入ってしまったこと。もう一つは、スッポンの首を落とそうとした際、ドングリまなこでにらまれたこと。この二つが始終気にかかって占いが当たらなくなったのだと、喜仙院は海舟に述べます。

道徳的にマズいことをやってしまったり、言わなくてよいことを言ってしまったあとには、やましい気持ちを引きずってしまうものです。

そんな喜仙院を、海舟は自分の師匠だといいます。人間、いつ反面教師になってしまうかわかりません。ましてや乱れた生活を送っているようでは、報いを受けて当然でしょう。そうした自戒の心を喜仙院は身をもって教えてくれるのです。

西郷も、「日頃、国や社会のことを憂える真心がなくて、ただ時のはずみに乗って成功した事業は、決して長続きしないものである」という言葉を残しています。

真心や至誠と聞くと「真心や誠実さだけでは、世の中渡っていけない」と感じる人もいるでしょうが、本当の成功というものは、その根本に真心がないといけないのです。心にやましいことなく、日頃の行いを誠実にこつこつと積み重ねていく。その大切さを海舟も西郷も重視していたのです。

平気で澄まし込むだけの余裕がなくてはいけない

困苦艱難《こんくかんなん》に際会すると、誰でもここが大切の関門だと思って、一生懸命になるけれど、これが一番の毒だ。世間に始終ありがちの困難が、一々頭脳に徹《こた》えるようでは、とても大事業は出来ない。ここは、※支那流儀に平気で澄まし込むだけの余裕がなくてはいけない。そう一生懸命になっては、とても根気が続かん。**世路の険悪観来《みきた》って、坦々たる大道のごとくなる練磨と余裕とが肝要だ。**

※中国人の態度のように

（『清話』328頁）

身を修し己れを正して、君子の体を具《そな》ふるとも、※処分の出来ぬ人ならば、※木偶《でく》人も同然なり。譬《たと》えば数十人の客不意に入り来んに、仮令《たとえ》何程饗応《きょうおう》したく思うとも、兼て器具調度の備《そなえ》無ければ、唯《ただ》※心配するのみにて、取賄《まかな》ふ可《べ》き様有間敷《あるまじき》ぞ。常に備あれば、幾人なりとも、数に応じて賄わるるなり。夫《そ》**れ故平日の用意は肝腎《かんじん》ぞ**

※事にあたっての処理
※木でつくった人形
※おろおろするだけで、接待のしようがない

（『遺訓』41条）

困難があっても、びくとも動かぬ度胸をつけろ

のちほど紹介する「もし成功しなければ、成功するところまで働き続けて、決して間断があってはいけない」との言葉と真逆のように聞こえます。「一生懸命になるな」と言っているのですからね。

ですが、海舟は決して「頑張るな」と主張しているのではなく、「根気が続かなくなるほどの努力は有害だ」と言っているのでしょう。余裕の心をもって、日々精進していくことの大切さを説いているのです。日々の練磨があってこそ余裕が生まれ、チャンスやピンチでも力を発揮できるのだともいえましょう。「練磨と余裕とが肝要」の部分が、海舟のそういった本心を伝えています。

また、海舟は「人間の精根には限りがあるから、あまり読書や学問に力を用いると、勢い実務の方には疎くなる筈だ」とも述べており、多方面に手を広げすぎて失敗する危険性を指摘しています。自分の限界に気がつくことは、傲慢な心を抑えつけることにもつながります。

智慧はいつか涸れるときが来ますし、それにいつも素晴らしい対策が思い浮かぶとは限りません。

そうした時は、思いつきや小手先の工夫よりも、「びくとも動かぬ度胸」のほうが大事でしょう。度胸があれば根気も出てきます。「日蓮や頼朝や秀吉を見ても分かる。彼らはどうしても弱らない。どんな難局をでも切りぬける。しかるに今の奴らはその根気の弱いこと、その魂のすわらぬこと、実に驚き入るばかりだ。しかもその癖、いや君国のためとか何のためとか、大平楽《たいへいらく》を並べているが、あれはただ口先ばかりだ」との海舟の叱責には、我々も反省しなければいけませんね。

難局に当たってビクともしない精神をつくるには、どうすればいいか。西郷が言っているように、日常の心構えと準備、そして経験が必要なのです。

大人物は、今の世に何人あるか

文臣は、才智があっても勇断がなく、武臣は、勇断があっても才智がないのは、実に古今同一の嘆《なげき》だ。大事に当って、国家の安危と、万民の休戚とを一身に引き受け、そして断々乎として、事を処理するような大人物は、今の世に何人あるか。当今の時勢、うたたこの嘆を深うするものがある。

（『清話』239頁）

平日道を蹈《ふ》まざる人は、事に臨みて狼狽《ろうばい》し、※処分の出来ぬもの也。……予先年出陣の日、兵士に向い、我が備への整不整を、唯味方の目を以て見ず、敵の心に成りて一つ衝《つい》て見よ、夫れは第一の備ぞと申せしとぞ。

※立派な対応

（『遺訓』33条）

日清戦争に海舟が反対した理由

卑近な譬えで言えば、「がり勉は賢いが優柔不断、スポーツマンは勇気や決断力はあるが賢くない」ということでしょう。海舟がこの話をしたのは、明治二十八年一月、日清戦争の最中であり、講和の打診が始まった頃でした。

海舟は日清戦争には反対でした。その理由は「兄弟喧嘩だもの、犬も喰はないじゃないか。たとえ、日本が勝ってもどーなる。支那の実力が分ったら最後、欧米からドシドシ押しかけて来る。つまり、欧米人が分からないうちに、日本は支那と組んで商業なり工業なり鉄道なりやるに限るよ。一体、支那五億の民衆は日本にとっては最大の顧客さ。また支那は昔時から日本の師ではないか。それで東洋の事は、東洋だけでやるに限るよ」というもの。

つまり海舟は「早く講話を結ぶべきだ」という見解でしたが、日本国内には「まだ戦争を続けるべきだ」という強硬論者もいました。強硬論者を抑えるには、「才智」と「勇断」を兼ね備えた人物が必要であると提言しながら、そのような大人物は今の世にはいないことを海舟は嘆いているのです。

西郷は言います。「近所に火事があった時、心構えができている人は、動揺することなく、対処することができる」（『遺訓』第33条）と。

「勇断」するには、日頃からの積み重ねが必要です。「何が必要か」「どうすべきか」迷わず対応できるのが大人物なのです。

方針を定めてどうするのだ

人はよく方針方針というが、方針を定めてどうするのだ。およそ天下の事は、あらかじめ測ることの出来ないものだ。網を張って、鳥を待っていても、鳥がその上を飛んだらどうするか。我に四角な箱を造っておいて、天下の物を悉《ことごと》くこれに入れようとしても、天下には円いものもあり、三角なものもある。円いものや、三角のものを捕えて、四角な箱に入れようというのは、さてさて御苦労千万の事だ。

（『清話』241頁）

※作略は※平日致さぬものぞ。作略を以てやりたる事は、其の跡を見れば善からざること判然にして、必ず悔い有る也。唯戦《ただいくさ》に臨みて作略無くばあるべからず。併《しか》し平日作略を用れば、戦に臨みて作略は出来ぬものぞ。

※策略
※普段は

（『遺訓』34条）

王者の道とはどのようなものか

海舟のこの言葉を聞けば、固定された方針を定めることがちゃんちゃらおかしくなってきます。

「方針が守られていない」「一度決めたものを変えるのか」と攻撃する人がいますが、責任のない立場から相手を非難することは容易いものです。

しかし、いざ責任ある立場となった時には、時々刻々と移り変わる情勢をみきわめながら判断を下す必要があります。そんなとき、方針を守ることが絶対視されるような風潮や思考法は危険です。守ることが不可能なことを無理に守ろうとすれば、制度に歪みができたり、人間関係にも悪影響を及ぼすことがあるからです。

「おのれに執一の定見を懐き、これをもって天下を律せんとするのは、決して王者の道ではない。反対者には、どしどし反対させておくがよい」とは、海舟の言です。

海舟はさらに、このようにも言っています。

「まー、世間の方針方針という先生たちを見なさい。事が一たび予定の方針通りに行かないと、周章狼狽《ろうばい》して、そのざまは見られたものではないよ」
「約束は守らなければいけない」という強迫観念、約束破りを咎める国民、世論に敏感で、それにおもねる政治家にこの言葉を届けたいと思うのは、私だけでしょうか。

西郷は「策略は普段は用いてはならない」としながらも、「戦争の時だけは例外である」と語っています。これなどもある意味、方針をガチガチに固めていないととることができるでしょう。

普段から策略を使いすぎたら、戦時などの緊急時に上手に策略を弄することができないとする西郷の言葉には深いものがあります。

平時と戦時の違いもあるでしょうし、普段から陰謀を企んでいる人は、他人からも信用されず、何かあったときに見限られる、ということでしょうか。「策士、策に溺れる」ということもあるでしょう。

気運というものは、実に恐るべきものだ

世の気運が一転するには、自《おのず》から時機がある。……気運というものは、実に恐るべきものだ。西郷でも、木戸でも、大久保でも、個人としては、別に驚くほどの人物でもなかったけれど、彼らは、王政維新という気運に乗じてきたから、おれも、とうとう閉口したのよ。しかし、気運の潮勢が、次第に静まるにつれて、人物の価も通常に復し、非常にえらくみえた人も、案外小さくなるものさ。

（『清話』344頁）

己に克《か》つに、※事事物物時に臨みて克つ様にては克ち得られぬなり。※兼《かね》て気象を以て克ち居れよと也。

※その場そのとき。場当たり
※普段から精神を奮い起こして
（『遺訓』22条）

気運は小人物をも大きく見せる

「世の気運」を現代風に解釈すれば、「世論」や「時流」といったところでしょうか。時流に乗った人には、勢いがあります。芸能人や政治家でも、一時の勢いにのっている人はかっこよく輝いて見えます。

しかし、人気や時流は、いつまでも続くわけではありません。いつかは沈静化する時が来るのです。そうすると、その人物の価値も元に戻り、「昔はとても偉く見えた人」も、小さくなったように感じる時があります。

我々は幻を見ていたのでしょうか。

いや、それは幻ではなく、現実だったはずです。気運というものが、必要以上にその人のことを大きく見せていたのです。

気運は怖い。抵抗し難い時がある。正論を押しつぶして進むことがあるのです。

だからこそ我々は、冷静に物事を観察し、考えていく必要があるのです。時の勢いに乗った人は、気運が沈静化しても輝いていけるような本物の「人間力」を身につけていく必要があるでしょう。

世の気運が人物の評価を変えるとのことですが、世論がどのように変わっても、集中砲火を浴びたとしても、人間力を身につけていきさえいれば、困難を乗り切ることができます。

じっと耐え忍び、我慢するのはつらいことですが、最後は自分との戦いです。負けそうになる心や誘惑に打ち勝つには、常に精神を奮い起こして「自分に克つ修業」をしていなければならないと、西郷も言っているのです。

自分に打ち克つ精神をもっている人こそ、本物の「人間力」の持ち主といえるでしょう。

第2章

円転豁達《かったつ》の妙境

〜こだわりを捨てる

横井の識見

おれが深く横井の識見に服したのは、おれが長州の談判を仰せ付かった時である。おれが長州に行くにつき、かれの見込みを手紙で聞いたが、かれは、ひと通り自己の見込みを申し送り、なお「**これは今日の事で、明日の事は余の知るところにあらず**」という断言を添えた。

（『清話』68頁）

己れを愛するは善からぬことの第一也。修業の出来ぬも、事の成らぬも、過を改むることの出来ぬも、功に伐《ほこ》り驕慢の生ずるも、皆自ら愛するが為なれば、決して己れを愛せぬもの也。

（『遺訓』26条）

先が見えた男・小楠

横井小楠《しょうなん》（一八〇九～一八六九）は、肥後藩士の次男として生まれました。藩校の時習館に学び、江戸留学を命じられるほどの秀才でした。海舟も「実際、物のよく分って、途方もない聡明な人だったよ」と語っています。

小楠は「時務策」（一八四三）を起草し、肥後藩の藩政改革を主張しました。ところが「藩上層部のぜいたくを禁じ、貧しい者に施す」「特権商人と藩との癒着を絶つ」などと過激な案を唱えていたため、藩の守旧派から疎まれ、主張は受け入れてもらえませんでした。

その一方で小楠の見識を買う者もおり、福井藩主・松平春嶽《しゅんがく》の強い要請により、同藩の政治顧問のような立場にもなりました。一八五七年のことです。

幕府の政事総裁職となった春嶽のために、小楠は、幕政改革の方針を「国是七条」（一八六二）にまとめます。そこには「将軍は上洛し、天皇に過去の無礼を謝罪せよ」「参勤交代制度を廃止せよ」「大名の妻子を国元に還せ」「外様・譜代に限らず、有能な人物を幕府の役人にせよ」「多くの人の意見を出し合って、天下の政治を行え」「海軍をつくり軍事を強化せよ」「幕府が貿易を統轄せよ」といった内容が記されていました。

坂本龍馬はこの「国是七条」をもとに「船中八策」をまとめたといわれています。「広く会議を興し、万機公論に決すべし」という「五箇条の御誓文」（一八六八）にも通じる内容です。小楠には、今後の日本はどうあるべきかという考えがあったのですね。

海舟が「おれが米国から帰った時に、彼が米国の事情を聞くから、いろいろ教えてやったら、一を聞いて十を知るという風で、忽《たちま》ち彼の国の事情に精通してしまったよ」と言っているように、小楠はものわかりのよい人物であり、物事の本質を見抜く力を持っていました。海舟の伝える「これは今日の事で、明日の事は余の知るところにあらず」との言葉からも、それがうかがえます。

世の中のことは、日々移り変わっていくもの。今日考えたことが明日通用するとはかぎらない。海舟も「この活動世界に応ずるに死んだ理屈をもってしては、とても追い付くわけではない」と述べています。

「元来、物に凝滞せぬ人」と海舟が評したように、小楠は、ものごとに固執することなく、「一個の定見」を持っていなかったようです。よくいえば臨機応変、悪くいえば無節操といった感じでしょうか。「機に臨み変に応じて、物事を処置するだけの余裕」が小楠にはあったと海舟は話していますので、前者だったのでしょう。

偉大さの中に潜む欠点とは

そんな小楠にも弱点がありました。海舟は言います。

「小楠は、毎日、芸者や幇間《ほうかん》を相手に遊興して、人に面会するのも、一日に一人二人会うと、もはや疲労したと言って断るなど、平生我儘《わがまま》一辺に暮していた。だから春嶽公に用いられても、また内閣へ出ても、一々政治を議するなどは、うるさかったろうよ。こういう風だから、小楠のよい弟子といったら、安場《やすば》保和《やすかず》、一人くらいのものだろう」

小楠は深酒をしてケンカをし、謹慎処分になったこともありました。秀才で先が見えるだけに、他人を見下して傲慢な態度をとったり、内心で人をバカにすることがあったのでしょう。その言行は、小楠の自己愛から来るものだったのでしょうか。

西郷は自己愛について「己を愛することは、善くないことの一つである。修業の出来ないのも、事業に成功しないのも、過ちを改めることができないのも、自分の功績を誇り傲慢になるのも、皆、自分を愛することから起ることで、決して己を愛するようなことはしてはいけない」と語っています。

自尊の感情を持つことは大切ですが、度が過ぎると、自らの目はくもり「自分だけが大切。他人はどうでもいい。蹴落としてやる」といった独善的な考えが芽生えてしまいます。しかし、これでは、人間関係を清く正しく結ぶことはできません。

さて、明治新政府の参与となった小楠ですが、一八六九年、十津川の郷士六名の襲撃を受け、暗殺されてしまいます。「開国を進めて日本をキリスト教化しようとしている」とのいわれなき理由からでした。

物事に執着せず、拘泥せず

見なさい、おれなどは何程、寒くっても、こんな薄っぺらな着物を着て、こんな煎餅のような蒲団の上に座っているばかりで、別段、運動ということをするわけでもないが、それでも※気血はちゃんと規則正しく循環して、若い者も及ばないほど達者ではないか。さぁ、ここがいわゆる思慮の転換法というもので、すなわち養生の第一義である。つまり、綽々《しゃくしゃく》たる余裕を存して、物事に執着せず、拘泥せず、円転豁達《かったつ》の妙境に入りさえすれば、運動も食物もあったものではないのさ。

※体内の気（エネルギー）と血（体液）

（『清話』316頁）

翁に従て犬を駆り兎を追い、山谷《さんこく》を跋渉《ばつしょう》して終日猟《か》り暮し、一田家《でんか》に投宿し、浴終りて心神《しんしん》いと爽快に見えさせ給い、悠然として申されけるは、**君子の心は常に斯《かく》の如くにこそ有らんと思うなり**と。

（『遺訓』40条）

養生の第一義

海舟は、健康の秘訣を「物事に執着せず、こだわらず、言葉や行動が自在で角が立たないことだ」と言います。運動も食事もあったものではなく、そちらの方が大事だと述べているのです。

確かに、一つのことにこだわってイライラしたり、誰かの言動にいちいち腹を立てていては、精神衛生上よくありません。「思慮の転換法」と海舟は言っているように、こわばった考え方を少し変えるだけでも気分が楽になりますし、人間が円満になります。運動や食物も大切ですが、気分転換と心の余裕もお忘れなく！

西郷は上野公園の銅像を見てもわかるように肥満であり、とても健康とは言えませんでしたが、狩猟は大好きでした。

西郷にも雑念はあったでしょうが、野山を駆けまわることで吹き飛んでしまったのでしょう。海舟は思考を転換して精神の平安を保ち、西郷は狩猟で身体を動かして身心を爽快にしたのです。

とはいえ海舟も、運動が無意味だと思っているわけではないようです。
「人間は、身体が壮健でなくてはいけない。精神の勇ましいのと、根気の強いのとは、天下の仕事をする上にどうしてもなくてはならないものだ。そして身体が弱ければ、この精神とこの根気とを有することが出来ない」（『氷川清話』「勇猛の精神と根気」の項目）
強い肉体をつくるには、よく運動し、好き嫌いなく食べることが大切でしょう。海舟はこのあと、「嫌いな食べ物でも、作り方を工夫すれば、きっと食べることができる。工夫をしないで嫌いだと言うのは余裕のない者であり、それではいけない」といった趣旨のことも述べています。
余裕をもって事に当たることは、仕事において大事であるのみならず、巡り巡って心と体の健康にも関わることなのですね。

胸中濶然《かつぜん》として一物を留めざる境界

人は何事によらず、胸の中から忘れ切るということが出来ないで、始終それが気にかかるというようでは、なかなか、たまったものではない。……**何事もすべて忘れてしまって、胸中濶然《かつぜん》として一物を留めざる境界に至って、初めて万事万境に応じて、横縦自在の判断が出るのだ。**しかるに胸に始終、気掛りになるものがあって、あれの、これのと、心配ばかりしていては、自然と気がうえ、神が疲れて、とても電光石火に起り来る事物の応接は出来ない。

(『清話』321頁)

過ちを改むるに、自ら過ったとさえ思い付かば、夫《そ》れにて善し、**其の事をば棄て顧みず、直《ただち》に一歩踏み出す可《べ》し。**過《あやまち》を悔しく思ひ、取り繕わんとて心配するは、譬《たと》えば茶碗を割り、其の欠けを集め合せ見るも同《おなじ》にて、詮もなきこと也。

（『遺訓』27条）

ストレス社会を生きるヒント

心配ごとや考えごとも、度を過ぎると、精神を病んでしまいます。うつ病は現代病とも言われますが、何事も深く考え過ぎてしまう現代人の癖とストレス社会が、そうした心の病を増加させてしまうのでしょうか。

心配事を溜めていたら、それぱかりが気になって、急な出来事への対応が難しくなってしまいます。そんなときは、どうすればよいのでしょうか。

海舟は、「すべてを忘れろ」と言います。心配事や、今後どうすればいいかといったことは、何もかもすべて忘れろと。気分をスッキリさせて、落ち着いた心持ちになってはじめて、どんな出来事が襲ってきても臨機応変に対応できるのだというのです。

幕末の難局を乗り切るということは、並大抵のことではありません。海舟や西郷だって、ものすごいストレスを抱えて病気になっていてもおかしくありません。いつ刺客に襲われて死ぬかわからないのです。

まさに命懸けですが、命を失うのが怖いと嘆いてばかりいては、とても身が持ちません。だからこそ覚悟を決めて、嫌なことを忘却する方法を海舟は編み出したのでしょう。

西郷もまた、過ぎたことをいつまでも悔い、失敗を取り返そうとすることを戒めます。

現代社会においては、仕事で失敗しても命を取られることはありません。そう思うと、かなり気が楽になりませんか。

我々はつい、過ぎ去ったことでクヨクヨと悩んでしまいますが、悩むよりもまず行動するほうがよほど効率的ですね。

他の小道は小道として放っておけばよいではないか

主義といい、道といって、必ずこれのみと断定するのは、おれは昔から好まない。単に道といっても、道には大小厚薄濃淡の差がある。しかるにその一を揚げて他を排斥するのは、おれの取らないところだ。……もし、わが守るところが、大道であるなら、他の小道は小道として放っておけばよいではないか。

（『清話』344頁）

学に志す者、規模を宏大にせずばある可《べ》からず。去りとて唯ここにのみ※偏倚《へんい》すれば、或は身を修するに疎《おろそか》に成り行くゆえ、終始己れに克《か》ちて身を修する也。

※一方に偏る

（『遺訓』23条）

主義主張の恐ろしさ

「あの人は確固とした意見を持っている」と言うと、とても良いことのように聞こえます。

確かに、優柔不断でフラフラしているのは問題ですが、「必ずこれが正しいのだ」と頭から決めつけてこだわるのも大きな問題です。何か行動を起こそうとするときに思考の幅が狭まり、選択肢が減ってしまうからです。

ある特定の主義主張を掲げはじめると、とたんに狭量になり、傲慢になることがあります。徒党を組んでヘイトスピーチをする人たちなどもそうでしょう。幕末においては、外国を毛嫌いする攘夷思考に凝り固まっていたら、次の時代に乗り遅れてしまいます。

主義の怖さを知っているからこそ、海舟は「一を揚げて他を排斥する」ことを嫌いました。思考に柔軟性があったのです。自分と他人との「智慧の研究」は楽しいですし、人間一生学ぶことの大切さを実感することができると考えたのです。西郷も、理想を大きく持つことの大切さとともに、自己研鑽の必要性を説いています。どちらも、心を広く大きくもって、物事に対処することの大切さを説いているのです。

大きな器であったほうが、物はたくさん入ります。その中には、雑念や不純物もあるかもしれません。しかし、そうした不純物の混入は、日々の修養によって跳ねのけることができるでしょう。

海舟が言う「主義」から抜け出すには、小さな心ではなく、修養によって、大きな心を持つ必要があるのです。

自負心が起った時には、必死になって押えつけた

昔にも、お家のためだから生きるとか死ぬるとか騒ぐ奴がよくあったが、それはみな自負心だ。うぬぼれだ。うぬぼれを除ければ、国家のために尽すという正味のところは少しもないのだ。それゆえに、もしそんな自負心が起った時には、おれは必死になってこれを押えつけた。

（『清話』330頁）

命ちもいらず、名もいらず、官位も金もいらぬ人は、仕抹《しまつ》に困るもの也。此の仕抹に困る人ならでは、艱難を共にして国家の大業は成し得られぬなり。

（『遺訓』30条）

「〜のため」は「自分のため」

「誰かや何かのために尽くしている」という気持ちは、時として慢心を生みます。とくにリーダーの立場にある人は、「〜のために尽しているんだ」という気持ちを抱きやすいものです。海舟であってもそうした心持ちになりかけたそうです。よほど気をつけなければ、私たちは勘違いのスパイラルに陥ってしまいます。

「〜のために」ということを誇らしげに、しつこく言う必要はありません。逆に、胡散臭く見えてしまいます。それに、いざ一大事となった時、命を棄てて何かのために尽せる者が何人いるでしょうか。

熱い心はぐっと胸に秘め、一朝ことある時に全力を尽くせばよいでしょう。むしろ「自分一人いなくても世の中は回っていく」というくらいの気持ちでいたほうが、慢心を抱かずよいのかもしれません。

海舟には「なに、忠義の士というものがあって、国をつぶすのだ。己のような、大不忠、大不義のものがなければならぬ」（『海舟語録』）という名言があります。

忠義心に凝り固まった人というのは、周りの情勢が見えず、強硬論を唱え、突っ走ってしまいます。挙げ句の果てには自滅し、国を滅ぼしてしまうこともあります。自負心や忠義心は、一歩間違えれば人々を破滅に追い込むのです。逆に批判的精神をもって行動する人が国を救うこともあるのです。

西郷は、真に国家のために尽せる人間は「命もいらぬ、名もいらぬ、官位もいらぬ、金もいらぬ」ような人だと言っています。名誉や金ばかりではない、命をも投げ出せる者こそ、国家の大事業を成し遂げることができる人物だというのです。

本当の大仕事は、命の危険を伴うかもしれません。そうしたときにビクビクしていたのでは、機を逸し、失敗してしまうでしょう。とはいえ、誰でも簡単に命を投げ出せません。よほど腹が据わり、覚悟ができていなければ難しいでしょう。

そのようなすごい人は凡人の眼では見抜くことはできないと西郷は言います。

腹が据わった人は、周りの者に対して「俺はいざという時、死ねる」とか「私は名誉も金も要らないんだ」とはまず言わないでしょう。本当に実行に移せる人にかぎって、黙って生き、いざという時に黙って死んでいくものです。

大量寛宏でなくては駄目さ

すべて世の中を治めるには、大量寛宏でなくては駄目さ。八方美人主義では、その主義の奏効にばかり気を取られて、国家のために大事業をやることはできない。

（『清話』236頁）

人を※籠絡《ろうらく》して陰に事を謀《はか》る者は、好《よ》し其の事を成し得るとも、※慧眼《けいがん》より之を見れば、醜状《しゅうじょう》著《いちじ》るしきぞ。**人に推《お》すに公平至誠を以てせよ。**公平ならざれば英雄の心は決して※攬《と》られぬもの也。

※手なずける

※物事をよく見抜く人

※つかむ

（『遺訓』35条）

自分の哲学を持て

あちらにも良い顔、こちらにも良い顔をする「八方美人」。

どこの世界にもそのような人はいますが、八方美人では大事業を成し遂げることはできないと海舟は言います。最後には手詰まりになって信用をなくしてしまうからでしょう。安全圏にいるだけでは、大きな仕事はできないものです。

海舟は言います。「戊辰の事だってそうだ。もしあの時、各藩に紛起した議論を一々、気に懸けて、いずれへも、あたりさわりのないようにしようとでも思ったなら、とても今日のごとき結果は、見られなかっただろうよ。自分に一定の見識がありさえすれば、いかなる事が起ろうとも、一向、構うことはない。天下国家をして、正当な針路を進ませようという、大きい割出しがあるなら、区々の議論などは、かまうもんかね」と。

海舟は「主義はいけない」「方針を定めるな」と言いますが、一方で大方針は持つべきだと言っています。また、一定の見識を持てとも述べています。海舟のいう見識は、主義や方針とはまた別の、哲学というべきものだと思います。

　意固地で頑固なのは困りますが、他人の意見を聞いて自分の考えをコロコロ変えたり、ふらつくのも問題です。そうならないためにも、自身の哲学を持つことは重要ではないでしょうか。もちろん、生煮えの哲学ではいけませんが。

　西郷も「陰でこそこそと策略をなす者」を「醜い」として嫌っています。八方美人も陰謀家も、他人からの信頼を失うという点では似ています。

　人に対して、真摯に向き合うことが大切。哲学は、その方向づけのために必要なものといえましょう。

自ら我が功を立てずと、人に功を立てさする

昔には、すべての事が真面目で、本気で、そして一生懸命であったよ。なかなか、今のように、首先ばかりで、智慧の出しくらべするのとは違っていたよ。何人も万一罷り違ったら、自分の身体を投げ出す覚悟で仕事をしたよ。**……躬《みず》から手を下さずと人がするままに任し、自ら我が功を立てずと、人に功を立て**さするほど、気楽な事はまたと天下にあるまいよ。

（『清話』350頁）

真に賢人と認る以上は、直に我が職を譲る程ならでは叶《かな》わぬものぞ。故に何程国家に勲労有るとも、其の職に任《た》えぬ人を官職を以て賞するは善《よ》からぬことの第一也。

(『遺訓』1条)

無私の境へ

自ら手を下さず、人がするままに任せ、人に功績を立てさせる。

上の立場になればなるほど、「俺が俺が」で口を出す人もいます。部下のミスに対して怒鳴り散らし、部下の仕事を奪ってしまう上司もいるでしょう。

人に任せることは、自己顕示欲が強い人にとって苦痛です。部下がミスをしないか、不安で仕方がないという人もいるでしょう。

もちろん、適切なアドバイスをすることは有益かもしれませんが、度を越した介入は、職場を混乱させ、かえって仕事の進捗を妨げます。自分が介入するべきかどうか、介入するとすればどのように、どのくらい介入するべきなのか。その見極めることが、リーダーには必要でしょう。海舟が語るような境地になるには、自分を棄てて、欲望を捨てて、無我の境に至らなければいけません。

石川島播磨重工業の社長を務めた土光《どこう》敏夫氏は、経営危機に陥っても「社員は決してクビにしない」との態度で臨んだそうです。会社を運命共同体として、社員を家族のように見ていたんですね。「思いやりが大切」と小さい頃から教えられるものですが、非日常の場面においても、思いやりを持った行動ができるか否かが重要なのです。

西郷は「賢明で適任だと認める人がいたら、すぐにでも自分の職を譲る程でなくてはならない」と言っています。海舟の「他人に功を立てさせよ」と通じるものがありますね。

人はすぐ「自分が、自分が」と言って、他人を押しのけてでも功績を立てようとします。人にはプライドがありますから、自分は他人よりも優れていると思いたいのです。

しかし、そのような考えを少し改めてみて「この仕事はアイツのほうが向いているかな」と思えば、良い仕事でも他人に譲る。それが組織のため、大きくいえば国のためになることだってあるのです。

勝敗の念を度外に置き、虚心坦懐

勝敗の念を度外に置き、虚心坦懐、事変に処した。

それで、小にして刺客、乱暴人の厄を免れ、大にして※瓦解前後の難局に処して、綽々《しゃくしゃく》として余裕を有った。これ畢竟、剣術と禅学の二道より得来った賜物であった。

※江戸幕府が倒れる。明治維新

（『清話』295頁）

※廟堂に立ちて大政を為すは※天道を行うものなれば、些《ちっ》とも私を挟《はさ》みては済まぬもの也。いかにも心を公平に操《と》り、正道を踏み、広く賢人を選挙し、能《よ》く其職に任《た》うる人を挙げて※政柄《せいへい》を執らしむるは、即ち天意也。

※政府に入って、閣僚となり国政を司るのは
※天地自然の道
※政権を任せる
（『遺訓』1条）

雑念に打ち克つ

この前にある一文で海舟は「勝ちたい」という気持ちが全面に出たら、緊張と興奮のために体が硬くなり、頭が熱くなって、勝負や試合に負けてしまうことがある」と述べています。相手の迫力に押されて守りに入ったときにも気合負けしてしまう。物事は、大きい小さい関係なく、この法則に支配されると。

海舟はこの人間精神の法則をよく理解していたので、「勝ちたい」という念を脇に置いて、物事に対処しました。その結果、刺客の暗殺を免れ、幕末の難局を余裕をもってきりぬけることができました。これは、剣術と禅学の賜物である。

勝つか負けるか、生きるか死ぬか……そういった雑念をはねのけて無念無想の境地にいたるには、剣術と禅学が有効でした。今で言えば、スポーツに打ち込み、哲学や宗教の書物を読んでみることに言い換えられるかもしれません。

海舟も座禅を組んだ当初（十九〜二十歳の頃）は、凡人のように、金や女や食べ物のことが脳裏に浮かんだそうです。そこを和尚に棒で肩を叩かれて、びっくりする。しかし、修業を積むと、段々とびっくりしなくなって、少し目を開けて視るくらいに成長したとのこと。座禅による鍛錬によって、世俗的な欲望を吹き飛ばしていったのです。

海舟の剣術修行も凄まじいものがあります。師匠の島田虎之助の「今時、皆がやりおる剣術は型ばかりだ。せっかくの事に、あなたは真正の剣術をやりなさい」との言葉を受けて、寒中であろうが、深夜であろうが、稽古着一枚で、木剣を振り回し、時に神社（王子権現）の礎石に腰を下ろし、目を瞑《つむ》り、心胆を練磨していました。これを一日も怠らなかったというのですから、すごいものです。

この鍛錬によって、海舟の身体は鉄同様になったといいます。これほどの修業をすれば、雑念や妄念は吹き飛ぶでしょう。

海舟の「勝敗の念を度外に置く」と、西郷が言う「私利私欲を出してはならない」「心を公平に」には、相通じるものがあります。勝つか負けるかを気にしてしまうのは、私欲が心に巣食っているからです。私欲は除去する必要があるのです。

第3章

一時も休まず進歩すべし

～現状を打破する

批評は人の自由、行蔵《こうぞう》は我に存す

※福沢がこの頃、瘦《やせ》我《が》慢《まん》の説というのを書いて、おれや※榎本など、維新の時の進退に就いて、攻撃したのを送って来たよ。ソコで「**批評は人の自由、※行蔵《こうぞう》は我に存す**」云々の返書を出して、公表されても差支えない事を言ってやったまでさ。福沢は学者だからね。おれなどの通る道と道が違うよ。

※福沢諭吉
※榎本武揚。海舟も榎本も元幕臣だが、維新後は政府の要職を務めた
※出処進退

（『清話』152頁）

道を行う者は、天下挙《こぞっ》て毀《そし》るも足らざるとせず、天下挙て誉《ほめ》るも足れりとせざるは、**自ら信ずるの厚きが故也。**

（『遺訓』31条）

海舟の器の大きさ

明治二十五年、福沢諭吉は、海舟と榎本武揚という二人の旧幕臣を批判する「痩せ我慢の説」を送り、返書を求めます。

草稿には、王政維新を成したとして海舟の功績を認めつつも「勝氏は幕府は必ず敗れると思い、まだ敗れる前から、みずから徳川家の大権を投棄し、平和を買おうとした。戦争のための災いを軽くしたと言っても、立国の要素である痩せ我慢の士風を損なわせた責任は免れることはできない。殺人散財は一時の災いであるが、士風の維持は、万世の要である」として、個人攻撃の言葉が連ねてありました。旧幕臣でありながら、明治政府に仕えていることも批判されました。

それに対する海舟の答えが「行蔵は我に存す。毀誉は他人の主張」——我が行いは自らの信念によるものである、貶《けな》したり誉めたりするのは他人の勝手である、私は関与しない、というものでした。

海舟の器の大きさが、よく理解できる話ではないでしょうか。

自分の信じる道をゆけ

西郷は「正しい道を生きていく者は、国中の人々からこぞって悪く言われるような事があっても決して不満を言わず、また国中の人皆から誉められても決して自分に満足しない。それは、自分を深く信じているからである」（『遺訓』第31条）と語っています。

海舟の対応は、西郷のこの言葉に近いでしょう。海舟もみずからの行動を深く信じており、恥ずべきことはないと考えていたからこそ、福沢の非難にサラリと対応したのです。海舟には、自己愛や自尊心などといったものとは異なる「信念」があったのですね。

坂本龍馬にも「世の人は我を何とも言わば言え　我なすことは我のみぞ知る」（人がわかってくれなくても、自分がわかっていれば良いのだ）という名句があります。

海舟も西郷も龍馬も、それぞれの信じる道を突き進んだのです。

海舟と龍馬

海舟と坂本龍馬は、幕府が神戸に設置した海軍士官の養成機関・神戸海軍操練所において、教師と塾生の関係でした（龍馬は塾頭）。

そんな二人の出会いは、攘夷論者の龍馬が、開国論者の海舟を斬りに来たときだというのは有名ですが、どうやらこの話は、海舟の誇張か記憶違いであるようです。龍馬が海舟の弟子となり「日本第一の人物」というほど海舟を尊敬したのは事実なのですが。

一方、海舟は龍馬を「おれを殺しに来た奴だが、なかなかな人物さ。その時、おれは笑って受けたが、沈着いてな、なんとなく冒しがたい威権があって、よい男だったよ」と誉めてはいますが、どこか口数が少ないのです。西郷さんと比べて、とても少ない。若くして非業の死を遂げた龍馬。その悲しみが、海舟に龍馬について語ることを押しとどめたのでしょうか。

ちなみに福沢は、赤穂義士ら忠義の家臣の死を「主人の金を失くしたため、首くくりをした下男（権助）と同じ」「赤穂義士の仇討は私裁（リンチ）」と『学問のすすめ』で主張し、世間から非難されました（いわゆる赤穂不義士論、楠公権助論）。忠義のために戦い抜いた義士を非難するならば、福沢は海舟を賞賛すべきでしょう。みなさんはどう考えますか。

仕事をあせるものに、仕事の出来るものではない

仕事をあせるものに、仕事の出来るものではない。セツセツと働きさへすれば、儲かるというのは、※日《ひ》傭《よう》取《と》りのことだ。天下の仕事が、そんな了見で出来るものかい。

※日雇い人夫

（『清話』332頁）

※事大小と無く、正道を踏み至誠を推し、一時の詐《さ》謀《ぼう》を用う可《べ》からず。人多くは事の指支《さしつか》うる時に臨み、作略を用て一旦其の指支《さしつかえ》を通せば、跡は時宜次第工夫の出来る様に思えども、作略《さりゃく》の煩《わずら》ひ屹度《きっと》生じ、事必ず敗るるものぞ。**正道を以て之れを行えば、目前には迂遠なる様なれども、先きに行けば成功は早きもの也。**

（『遺訓』7条）

※大きな事であっても、小さな事であっても、

急がば回れ

あせってやった仕事には、ミスがつきものです。

注意が行き届かないばかりに、思わぬ落とし穴にはまってしまうかもしれません。自分の得意分野であればあるほど、楽勝と思い込んで、油断することもあります。牛歩とまでは言いませんが、時に仕事を振り返りつつ、一歩一歩、確かめるように前に進むことも大切でしょう。

西郷は「正しい道を踏み行うことは、回り道をしているようであるが、先に行けば、かえって成功は早いものである」(『遺訓』第7条)と述べています。

時には策略が成功することもあるでしょうが、功をあせって小細工を弄したばかりに、窮地に立ってしまうことのほうが多いでしょう。下手な細工をするよりは、真面目に仕事に打ち込むことが、成功への近道なのです。

策略を多用する人というのは、もしかしたら、心に余裕がないのかもしれません。

海舟と西郷の言葉をドッキングして考えてみるならば、仕事を焦ることは、正しい道を踏み外すことにつながるでしょうし、策略を常用する人には誠の心が足りないため、天下国家の大仕事をするには適任ではないでしょう。

「急がば回れ」との言葉があるように、急ぐ仕事こそ、丁寧なやり方で仕上げるべきなのです。

海舟も西郷も、人生の回り道をしています。西郷は二度の島流し、海舟も罷免や左遷を経験しています。回り道を強制されても腐らず、修養を積んだからこそ、両者の言葉は重みを持つのでしょう。

苦難の時こそ、深呼吸して自己を見つめ直し、今後の展望を描く。それが大人物になるための秘訣なのかもしれません。

なんでも大胆に、無用意に

世に処するには、どんな難事に出会っても臆病ではいけない。さぁ、何程でも来い。おれの身体が、ねじれるならば、ねじって見ろ、という料簡で、事を捌《さば》いて行く時は、**難事が到来すればするほど面白味が付いて来て、物事は雑作もなく落着してしまうものだ。**なんでも大胆に、無用意に、打ちかからねばいけない。

（『清話』322頁）

若《も》し艱難《かんなん》に逢ふて之れを凌《しの》がんとならば、弥弥《いよいよ》道を行い道を楽しむ可《べ》し。予壮年より艱難と云ふ艱難に罹《かか》りしゆえ、今はどんな事に出会うとも、動揺は致すまじ、夫《そ》れだけは仕合《しあわ》せ也。

（『遺訓』29条）

難しい仕事ほどワクワクするもの

海舟が指摘するように、どんなに小さなことでも、臆病であっては失敗してしまいます。気を呑まれて倒れてしまうでしょう。

「どうにでもなれ」「来るなら来い」という活気があってこそ、事業をなすことができる。そうした気持ちになれば、どんな困難が起きても「面白味が付いて来て」瞬く間に解消するのだと海舟は言います。困難な状況をむしろ楽しむ、困難であれば困難であるほど燃える気持ちを持つことが大切だという意味でしょう。ユニークな表現です。

海舟は常に、刺客につけ狙われていました。自分を殺そうとする相手にも、海舟は丸腰で対応したそうです。長刀二本を差して刺客が来たときなどは「お前の刀は抜くと天井につけるぞ」と言うと、刺客はすぐに帰ってしまったとのこと。

またあるときは、刀を抜きかけた刺客に「斬るなら見事に斬れ。勝は大人しくしていてやる」と言い放ったそうです。すると、刺客は不思議と斬るのを止めてしまったといいます。これらの逸話から見ても、海舟には臆病心はないといえそうですし、困難をユーモアでもって跳ねのけようとしているように見えます。

人生、すべてが上手くいくとはかぎりません。でも、うまくいかなかったとき、どうするべきか。海舟は、このようにも言っています。

「もし成功しなければ、成功するところまで働き続けて、決して間断があってはいけない。世の中の人は、たいてい事業の成功するまでに、はや根気が尽きて疲れてしまうから、大事が出来ないのだ」

努力と根性は必要ですが、気力がつきてしまっては意味がありません。自分のペースで努力することが大切なのです。

西郷は「道、つまり人として踏まなければならない行動の筋道（道徳）を貫こうと思えば、時に障害や妨害に遭うが、その困難に負けてしまうのではなく、困難をはねのけて、道を行うことを楽しむ気持ちが必要だ」と言っています。海舟の「面白味」と一緒ですね。

英雄が考えることは、なぜこうも似るのでしょうか。

不足や不平が絶えぬのは、一概にわるくもない

世の中に不足というものや、不平というものが始終絶えぬのは、一概にわるくもないよ。※定見深睡《ていけんしんすい》という諺《ことわざ》がある。これは西洋の翻訳語だが、人間は、とにかく今日の是は、明日の非、明日の非は明後日の是という風に、一時も休まず、進歩すべきものだ。いやしくも、これで沢山という考えでも起ったら、それはいわゆる深睡で、進歩ということは、忽《たちま》ち止まると戒めたのだ。

※一つの物の見方に凝り固まり、深い眠りについているかのような状態

（『清話』347頁）

文明とは道の普《あまね》く行わるるを賛称せる言にして、宮室の荘厳、衣服の美麗、外観の浮華を言うには非《あら》ず。世人の唱うる所、何が文明やら、何が野蛮やら些《ち》とも分からぬぞ。

（『遺訓』11条）

真の「文明国」とは

不足や不満があるからこそ、世の中は発展する、不平が世を動かす原動力となる。面白い見方です。

しかし、世を動かす契機となるのは不平ばかりでなく、好奇心や「人の役に立ちたい」という公共心もそうでしょう。

また、社会の発展には必ず影がつきまといます。戦後日本で言えば、水俣病などの公害や環境破壊がそうです。あってはならないことですが、水俣病の患者さんに対する差別や中傷もいまだにあるとのこと。文明や社会が発展するとは、ただ物質に恵まれて、便利な暮らしができることではないと思います。

西郷隆盛は「文明というのは、道義に基づいて物事が広く行われることを称える言葉であって、宮殿の立派さ、大きさや、衣服の美しさ、見かけが華やかであることを言うのではない」と華美を嘆き、欧米の植民地支配を「野蛮」と切り捨てました。少しくらい不便であっても、貧しくても、清らかな心を持った人々がたくさんいる社会のほうが良いという考え方もできるでしょうね。

それでも、西郷はいたずらに欧米を非難したわけではありません。「西洋の刑法は、罪を繰り返さないようにすることを根本精神として、獄中の罪人でも緩やかに取り扱って、教訓となる書物を与え、親族や友人との面会も許す」と語り、「誠に文明じゃ」と感心しています（『遺訓』第12条）。

ものごとのある面だけを見て拒否反応を起こし、すべて嫌いだとなるのではなく、別の側面を見て評価をする。西郷は「定見深睡」ではなく、さすがに公平に物事を見ることができる人だったのです。

外国の良いことは採り入れ、いただけないものは斥ける。往古より、日本は中国の影響を強く受け、さまざまな文物や制度を取り入れていますが、宦官《かんがん》（宮廷に仕える去勢された男子）の制度は採り入れていません。

文明の発展は、一方的に大国から文物を受容することではなく、一度立ち止まって自国にとり有益か否かを吟味・判断することによってもたらされるのではないでしょうか。

虚心平気で聞けばみな天籟《てんらい》

書生だの浪人だのという連中は、昔から絶えず、おれのところへやって来るが、時には五月蠅《うるさ》いと思うこともあるけれど、しかしよく考えて見ると、**彼らが無用意に話す言葉の内には、社会の形況や、時勢の変遷が、自然に解って、なかなか味うべきことがあるよ。**匹夫匹婦の言も、虚心平気でこれを聞けば、みな※天籟だ。

（『清話』313頁）

※詩文などの調子が自然で優れていること

功立ち名顕《あらわ》わるるに随い、いつしか自ら愛する心起り、※恐懼《きょうく》戒慎《かいしん》の意弛《ゆる》み、※驕矜《きょうきょう》の気漸《ようや》く長じ、其の成し得たる事業を負《たの》み、苟《いやしく》も我が事を仕遂《とげ》げんとてまずき仕事に陥いり、終《つい》に敗るるものにて、皆な自ら招く也。**故に己れに克ちて、睹《み》ず聞かざる所に戒慎するもの也。**

※自分を慎み戒めること
※おごり高ぶる気持ち

（『遺訓』21条）

謙虚さと慎みを持ち続けた海舟

海舟ほどの有名人になると、さまざまな人間が会いにきたようです。

時には、海舟の意見に反論したり、わけのわからないことを話して帰る人もいたと思います。普通の人ならそこで「もういいや」と面会をシャットアウトしたり、自分の意見は正しいと思い込んで意固地になってしまうものです。

しかし、海舟は違いました。市井《しせい》の声を聞き入れ、新たな発見をしようとしたのです。

彼らが話す内容には、社会情勢を的確に見抜いている言葉、社会の真実があるのだと海舟は言います。カッとなったりせず、穏やかな心で聞けば、身分が低く教養のない男女が話す内容にも得るべきものがあるというのです。

海舟は、身分や風体で人を判断していません。どんな人からも学ぶことができるという気持ちでいるのです。むしろ、身分の低い人や貧しい人のほうが、世の辛酸をなめているので、世間知は高いのかもしれませんね。

西郷も、功名心がもたらすおごり（「自ら愛する心」「驕矜《きょうきょう》の気」）と失敗（「終に敗るる」）の恐ろしさを説いています。

82ページでも登場した名経営者・土光敏夫は、質素な生活振りから「メザシの土光さん」と親しまれました。

彼は部下に対して「議論する時は、対等だ。同じ社員だ」と言っていました。そして実際に、部下の考えに謙虚に耳を傾けたそうです（平林武昭「土光敏夫氏に教わった経営と人生」『致知』２０１３年2月号）。

「実るほど頭《こうべ》を垂れる稲穂かな」ということですね。

政治は、理屈ばかりで行くものではない

政治は、理屈ばかりで行くものではない。実地に就いて、人情や世態をよくよく観察し、その事情に精通しなければ駄目だ。下手な政論を聞くよりも、無学文盲の徒を相手に話す方が大いにましだ。文盲な徒の話は、純粋無垢で、しかもその中に人世の一大道理がこもっているよ。

（『清話』236頁）

租税を薄くして民を裕《ゆたか》にするは、即ち国力を養成する也。故に※国家多端《たたん》にして財用の足らざるを苦むとも、租税の定制を確守し、上を損じて下を虐《しい》たげぬもの也。

※国が多くの事業を抱えること

（『遺訓』13条）

ただ意気ずくで交際する

前の項でも見たように、海舟は身分で他人を決めつけない人でした。高位の人でも馬鹿は馬鹿、低い身分の人でも偉いものは偉いと言える人だったのです。

海舟の交友リストには、侠客・ヤクザも入っていました。町火消として有名な新門辰五郎もその一人です。海舟は彼のことを「ずいぶん物の分った男で、金や威光にはびくともせず、ただ意気ずくで交際するのだから、同じ交際するには力があったよ」と評価しています。

官軍が江戸城へ押し寄せた頃、海舟は、ならず者の親分どもを訪ねて回っていました。いざという時に、江戸の治安を守ってもらうためです。海舟は「官軍が江戸へはいって、暫時、無政府の有様であった時にも、火付けや盗賊が割合に少なかったのは、おれがあらかじめ、こんな仲間の奴を取り入れておいたからだよ」と語っています。江戸の治安を守るためには、「ならず者とはつきあいません」という綺麗ごとでは駄目なのですね。

親分を仲間に引き入れる時の海舟のセリフは「貴様らの顔を見こんで頼むことがある。しかし、貴様らは、金の力やお上の威光で動く人ではないから、この勝が自分でわざわざやって来た」というもの。

そう言うと、親分は「へー、分かりました。この顔が御入用なら、いつでも御用に立てます」と承服したそうです。親分の自尊心をくすぐる、見事な殺し文句ですね。

西郷は「税金を少なくして国民生活を豊かにすること」が、国力を高める方法だと言います。これほど人情にあふれた言葉もないでしょう。

西郷は若い頃、農政の事務官を務め、重税に苦しむ農民の姿を見てきました。そしてただ傍観するのではなく、農民の暮らしが楽になるよう奔走したそうです。

西郷も海舟も、階級にとらわれず、庶民の暮らしをよく観察することによってみずからの価値観をつくっていったのです。

市中を散歩して、何事となく見覚えておけ

長崎にいた頃に、教師から教えられた事がある。それは「時間さえあらば、市中を散歩して、何事となく見覚えておけ、いつかは必ず用がある。兵学をする人は勿論、政事家にも、これは大切な事だ」と、こう教えられたのだ。……この時の事が習慣となって、その後、どこへ行っても、暇さえあれば独りでぶらついた。それゆえ、東京の市中でもたいてい知らないところはない。……そしてこれが維新前後に非常にためになったのだ。

（『清話』334頁）

万民の上に位する者、己れを慎み、品行を正くし驕奢《きょうしゃ》を戒め、節倹を勉め、職事に勤労して人民の標準となり、下民其の勤労を気の毒に思ふ様ならでは、※政令は行はれ難し。

※政治

（『遺訓』4条）

世間の常識を知れ

街中を歩いていると、さまざまな気づきを得ることがあります。人と触れ合って人間観察をし、世間の動きや常識を知ることもできます。

一般的な感覚から乖離《かいり》した思考には、「自分がこういう行動をとれば、まわりからどのように見られるか」という他者の視点が欠けています。他者の視点が欠けると、人は傲慢になってしまいます。残念ながら、現代にもそうした人はたくさんいますね。

本人は否定するでしょうが、そう見られても仕方ない行動をとっている人が多いのです。海舟は、きっとこう言って嘆くに違いありません。

「今時の人はなってないね。いや、昔も今も同じじか」と。

西郷も国民の上に立つ者のあるべき姿については、偉ぶらず、慎みの心を持つ姿勢が大事だと話しています。そのためには、庶民の常識的な感覚をよく理解する必要があるでしょう。これはなにも、国のトップにかぎった話ではないはずです。

西郷が農政にたずさわっていた当時の上司に迫田太次右衛門《さこたたじえもん》という人物がいました。迫田は、農民が藩の厳しい年貢取り立てに苦められていることを知っていました。迫田は抗議しますが、容れられず、次の一首を残して職を辞したと言います。

虫よ　虫よ　五《いつ》ふし草の根を断つな　断たばおのれも　共に枯れなん

「虫」は役人、「五ふし草」は農民を指します。苛酷な課税は、最後には藩をも破滅に追い込むと指弾したのです。

西郷の言葉は、彼もまた、迫田と同様の思いを持っていたことを感じさせます。

第4章

人は捨つべきではない

～海舟と西郷の組織論

どんな人物があるか、常に知っていなくては困る

天下の事に任ずるくらいのものは、今日、朝野《ちょうや》にどんな人物があるかということは、常に知っていなくては困る。おれなどは、あらかじめ、その辺を調べて、手帳に留めておいた。すると、瓦解の際に、おれの向うに立った奴は、西郷を初め、みな手帳の中の人物に洩れなかったよ。

（『清話』343頁）

賢人百官を総《す》べ、政権一途に帰し、一格の国体定制無ければ縦令《たとい》人材を登用し、※言路を開き、衆説を容《い》るるとも、**取捨方向無く、事業雑駁《ざっぱく》にして成功有るべからず。**

※発言できる場を作る

（『遺訓』２条）

人材探しの要諦

政治の世界でも、ビジネスの世界でも、物事を成すには、優れた人物の英知が必要です。政治の世界では、優れたブレーンがいるかどうかで政策の実現度が変わってきます。ブレーンに恵まれないばかりに、官僚や族議員の抵抗にあって政策が実現できないこともあります。

では、優れた人物は、どうやって見つければいいのでしょうか。海舟は「人才などは騒がなくっても、眼玉《めだま》一つでどこにでも居るヨ」と言っています。

単純に「優れた人物ならたくさんいる」と言いたいのではないと思います。「眼玉一つで」がキーポイントでしょう。つまり、探す側の眼力と努力次第で、優れた人材は豊富に見つかるという意味なのです。人材を求める側の見識こそが重要と言えましょう。

その「見識」を知る手がかりとして、松下電器で起きたエピソードを紹介します。

当時、社内では、松下幸之助会長の講演を書籍化する構想が出ていました。

ところが、冷機事業部長だった山下俊彦氏はこれを「時期尚早」とし、「会長が理想とされる労資関係についての講演内容と、松下電器の実情とがいささか乖離しており、それを読んだ読者は、ひどく裏切られたように感じるのではないかと思われるからです。これは松下電器にとってもマイナス要素です。この出版は取り止めるべきではないでしょうか」と自分の見解を述べたのでした。

松下会長の前でこのような発言をすることは、とても勇気がいります。なかなかできることではありません。

結局、山下の発言により出版は取り止めになりますが、その直言を素直に受け入れた松下幸之助も度量が大きい人です。のちに松下は、山下を二十五人抜きで取り立て、ついには社長に据えるのですが、その理由の一つは「何でもズバズバとわしにものを言う男だから」というものでした。

西郷は「立派な人間を用いるだけでは、仕事は成功しない」と語っていますが、こうした見識があったからこそ、松下は強力な組織を作り上げることができたのでしょう。

役に立たぬといっても、必ず何か一得はあるものだ

人はどんなものでも、決して捨つべきものではない。いかに役に立たぬといっても、必ず何か一得はあるものだ。おれは、これまで何十年間の経験によって、この事のいよいよ間違いないのを悟ったよ。

（『清話』345頁）

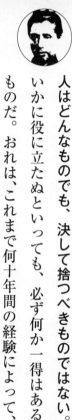

※東湖先生申されしは、「小人程才芸有りて※用便なればならぬもの也。去りとて長官に居え重職を授くれば、必ず※邦家を覆すものゆえ、決して上には立てられぬものぞ」と也。

※藤田東湖。水戸の儒者
※使用するに便利
※国をひっくり返す
（『遺訓』6条）

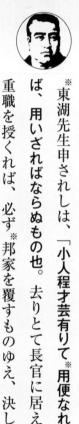

適材適所の思考

どんな人にも長所はあるものです。一見短所に見えるところも、見方を変えれば長所になります。臆病さを慎重ということもできます。臆病だからこそ慎重に物事を進められる人もいるでしょう。

人を使うことに関しての西郷の考えをまとめると、次のようになります。

「大人物ばかりが重要なわけではない。むしろ、十人のうち七、八人までは小人物であるのだから、小人物の長所をいかに活かしてやるかがさらに重要である」

これに続くのが、前のページで触れた内容です。

二人とも「人の短所ではなく長所を見よ」と言っています。人間は、つい他人の欠点を探してしまいがちですが、それではリーダーとしては不適格でしょう。粗探しは、人格を曇らせます。

しかし西郷は、いくらその人に長所があるといっても、その人の才能を超えるような役職に就かせることには危険があるとも述べています。重責によってその人が潰されてしまいますし、何より仕事が上手く回らないからでしょう。

長所を見たうえで、その人に合った仕事を与えることが、上司としての腕の見せ所といえましょう。

責任をおわなければ、仕事の出来るものではない

誰でも責任をおわせられなければ、仕事の出来るものではない。おれが維新の際に、江戸城引渡しの談判をしたのも、つまり将軍家から至大の権力を与えられ、無限の責任を負わせられたので、思う存分、手腕を振うことが出来たから、あの通り事もなく済んだのだ。それに官軍の参謀は、例の老西郷であったから、ちゃんとおれの腹を見ぬいていてくれたので、大きによかった。

（『清話』333頁）

人材を採用するに、※君子小人の弁酷に過ぐる時は却《かえ》て害を引き起こすもの也。其の故は開闢《かいびゃく》以来世上一般十に七八は小人なれば、能《よ》く小人の情を察し、其の長所を取り之れを※小職に用い、その材芸を尽くさしむる也。

※よくできる人と普通の人の区別を厳しくする

※それぞれの職業に登用し、才能を十分発揮させることが重要である

（『遺訓』６条）

権限を与える

海舟の言う「責任」とは、権力や権限とも言い換えられます。

大きな仕事を成そうというとき、リーダーに相応の権限がないと、横から口を出してくるお偉方が多く、難しいものです。交渉が上手くいっていても、お偉方の介入によってすべてが台無しになってしまうこともあるでしょう。そうならないためにも、権限を付与することは大切なのです。

権限を与える側にも、勇気と見識が必要です。ここに引いた西郷の言葉は、権限を与え能力を発揮させる難しさがよく言い表されています。

西南戦争が起きると、三条実美《さねとみ》の意を受けた岩倉具視《ともみ》が海舟のもとにやって来て「西郷がこのたび、鹿児島で兵を挙げたについては、お前、急いで鹿児島へ下向し、西郷に説諭して、早く兵乱を鎮めて来い」と言ったそうです。

海舟は「大決断をなさるなら、私はすぐに鹿児島へ行って、十分、使命を果たして御覧に入れましょう」と返答したところ、岩倉は「お前の大決断というのは、大方、大久保（利通）と木戸（孝允《たかよし》）を免職しろということであろう。大久保と木戸は、国家の柱石だから、この二人は、どうしても免職することが出来ない」と難色を示し、結局、激しい戦争に発展してしまいました。

もしこのとき、明治政府が二人を免職にし、海舟を使者として派遣する決断をしていたら、西南戦争の悲劇はなかったかもしれません。

権限を与える側も、身動きがとれなければ意味がありません。こだわりやしがらみにとらわれずに英断を下すことも、時には必要なのです。

小僧のように、いつまでも風下に置くのはいけない

いつぞや、俺は、※松方と樺山《かばやま》とに、こういう話をしたことがある。
「なぜ君らは、どしどし、若手の腕利きを官にひき上げないか。君達は、若いものだといえば、たとえ、※いかなる傑物でも、やはりこれを小僧のように思って、いつまでも風下に置くというのはいけない」

※松方正義と樺山資紀。ともに、薩摩出身の明治の元勲

※とても優れた人物

(『清話』259頁)

何程制度方法を論ずるとも、其の人に非《あら》ざれば行はれ難し。人有りて後ち方法の行はるるものなれば、**人は第一の宝**にして、己れ其の人に成るの心懸け肝要なり。

（『遺訓』20条）

率先垂範のすすめ

部下や年少の者のことを「まだまだ未熟だ」「青二才だ」と頭から決めつけてしまう人もいます。その人には築きあげてきたプライドもあるでしょうし、若者＝未熟との固定観念が染みついているともいえます。

海舟が薩摩の国家老《くにがろう》の前で西郷の話を出したところ、国家老は「えい、彼の吉之助めのことで御座るか、彼はまだ青二才で御座る」と歯牙にもかけない態度だったといいます。低い身分の西郷を抜擢したのは藩主・島津斉彬《なりあきら》であり、本項の海舟の言葉は、その事を念頭に語られたものと言われます。

青二才と見られている者のなかに、西郷のような大人物が隠れているかもしれません。「上に立つ者は、よほど公平な考えをもって、人物に注意していないと、国家のため大変な損をすることがある」と海舟は語っています。

海舟は、勇気があって役に立ちそうな者を積極的に登用し、重い責任を負わせて、「いじめる」ことが必要だと言います。

「いじめ」というとイメージが悪いですが、若者に活躍の場と試練を与えることの必要性を訴えたものです。

試練がなければ成長もできません。責任ある立場につかなければ、上司の心も部下の心も理解できないのです。

さらに海舟は、こう注意します。

「最も、ただ若い者をいじめるばかりではいけない。自分でも若い者同様、御役目大事と思って、その役目と打死する覚悟になるのだ。そうすれば、政務は立派に挙がって、傍ら各種、異様な豪傑が生れて来るよ」

部下に苛酷な試練を与えるだけでなく、上司自らも一心不乱に仕事に取り組めということです。率先垂範は、リーダーたるべき者の必須条件でしょう。そうでなければ、部下はついてきません。上司・部下の心と行動が一致してこそ、大仕事を成すことができるのです。

人間は乾児《こぶん》のない方が善いのだ

何でも人間は乾児《こぶん》のない方が善いのだ。見なさい。※西郷も乾児のために、骨を秋風に曝《さら》したではないか。およそ天下に乾児のないものは、恐らくこの勝安芳、一人だろうよ。それだから、おれは、起きようが寝ようが、喋《しゃべ》ろうが黙ろうが、自由自在、気随《きずい》気儘《きまま》だよ。

※部下の暴走で西南戦争を起こし、死ぬこととなった

（『清話』336頁）

道を行ふには、尊卑貴賤の差別無し。摘《つま》んで言へば、※堯舜《ぎょうしゅん》は天下に王として万機の政事を執り給へども、其の職とする所は教師也。※孔夫子は魯《ろ》国を始め、何方へも用ゐられず、屢々《しばしば》困厄《こんやく》に逢ひ、※匹夫《ひっぷ》にて世を終へ給ひしかども、**三千の徒《ともがら》皆な道を行ひし也。**

※古代中国の帝王

※孔子

※身分が低い者

（『遺訓』28条）

一匹狼の効用

仕事も政治も、一人で動かせるものではありません。「およそ天下に乾児のないものは、恐らくこの勝安芳、一人」と言っていますので、海舟もそのことは十分承知のはず。それでも、あえて「人間は乾児のない方が善いのだ」と説くのは、子分を持つことによって生じる弊害があると考えていたからです。

西南戦争での西郷のように、部下が暴走し、制御できなくなることもあります（西郷の場合は、あえて制御せず、子分とともに死を選んだとも言えましょうが）。子分が力を持ちすぎて、思うように物事を進めることができない場合もあります。

しがらみは、人を縛ります。仕事でも、余計な人間関係がないほうが、思い切った決断や行動をとることができるでしょう。

しかし「自由自在、気随気儘」の立場は、孤独との戦いも意味します。行き過ぎた孤独は精神をむしばんでしまいます。真の孤独に打ち勝てる強さを持つ者だけが、海舟のようになれるのです。

海舟は「徒党は組まないほうが良い」と言っていますが、西郷は、孔子を例にとり、「三千人の弟子がその教えに従って道を行《おこな》った」と語っています。孔子は諸国を流浪し、不遇なまま生涯を閉じます。そんな孔子を慕い、そのあとに従った弟子。孔子と弟子の間には深い信頼関係があったはずです。

西郷に接した増田宗太郎《そうたろう》（西南の役の中津隊隊長）は「親愛日に加わり、去るべくもあらず。今は善も悪も死生を共にせんのみ」という気持ちになったといいます。西郷にそれだけ人を惹きつける力があったことは確かです。

第5章

処世の秘訣は誠の一字

～過去・現在・未来

知己《ちき》を千載《せんざい》の下に

大きな人物というものは、そんなに早く顕《あらわ》れるものではないよ。……二、三百年も経つと、ちょうどそのくらい大きい人物が、再び出るじゃ。……そこで其奴が驚いて、なるほど、えらい人間がいたな。二、三百年も前に、今、自分が抱いている意見と、同じ意見を抱いていたな、これは感心な人物だと、騒ぎ出すようになって、それで世に知れて来るのだよ。※知己《ちき》を千載《せんざい》の下に持つというのは、この事さ。

※自分のことを理解してくれる人が、千年後になって現れる

（『清話』66頁）

然るに草創《そうそう》の始《はじめ》に立ちながら、家屋を飾り、衣服を文《かざ》り、美妾《びしょう》を抱え、蓄財を謀りなば、維新の功業は遂げられ間敷《まじき》也。今となりては、戊辰の義戦も偏《ひと》へに※私を営みたる姿に成り行き、天下に対し戦死者に対して面目無きぞ。

※私利私欲に走る

（『遺訓』４条）

英雄不在の時代はいつまで続くのか

海舟は「偉大な人物は、そうそう出るものではない」と言います。

近年の政治家の体たらくを見ていると、大きく頷ける言葉です。政治家の情けない答弁を聞いていると、上も下も小人物しかいないのかと、暗い気持ちになってきます。

政界だけでなく、ビジネスの世界もそうでしょう。まわりを見渡してください。真の大人物と呼べる者がどれほどいるでしょうか。いつの世も、小人物が大多数で、英雄と呼ぶに値する大人物は少数なのかもしれません。

海舟いわく、大きな人物は、二、三百年もしないと現れないのです。織田信長・豊臣秀吉・徳川家康らが活躍した十六世紀から二、三百年後に幕末となって、西郷隆盛や坂本龍馬といった志士が登場してきます。

「現代に人物がいない」という嘆きは海舟にもあって、「今の人に賞められなくては、承知しないという尻の孔《あな》の小さい奴ばかりだろう。大勲位とか、何爵とかいう肩書を貰って、俗物からわいわい騒ぎ立てられるのをもって、自分には日本一の英雄豪傑だと思っているではないか」とも述べています。

海舟の言葉通りだとすると、次にそうした時代がやってくるのは、二十二世紀になってしまいます。我々は死んでいます。

後世の人の目を意識せよ

人物に対する評価は、時とともに移り変わります。海舟は言います。

「維新の時でもそうだったよ。水戸の烈公《れっこう》（水戸藩主・徳川斉昭《なりあき》。慶喜《よしのぶ》の父）は、えらいというので、非常の評判だったよ。実にその頃は、公の片言隻語も、取ってもって則とするくらいの勢いさ。しかるに、今はどうだ、日本国中で、烈公を知っているものが、何人あるか。……天下の安危《あんき》（安全であるか否かの瀬戸際）に関する仕事をやった人でなくては、そんなに後世に知らるるものではない。ちょっと芝居をやったくらいでは、天下に名は挙らないさ」

何十年も前の首相や大臣の名前を覚えている人がどれほどいるでしょうか。世の中とは、そうしたものなのです。一時、メディアの注目を浴びたからといって、有頂天になるなど馬鹿げている、もっと謙虚になれと、海舟は言いたいのでしょう。また、今の人にチヤホヤされることを望むのではなく、後世の人に「あの人は立派な方だった」と賞賛される行動をとるべきだともいえましょう。

後世に名前が残るのは、「天下の安危に関する仕事」をした者だというのも印象的です。「天下の安危」＝国家の一大事に身を捨てて尽力した者だけが名を残すというのです。

いまの政治家があの体たらくなのは、国家の大事に関わる仕事をしたことがない経験不足からか、それとも、西郷のように「命もいらず、名もいらず、官位も金もいらぬ」という心持ちで生活をしていないからではないでしょうか。

西郷の嘆き

他人から注目を浴びたいという欲求が強く、調子に乗って失敗する人がいます。そうした人は、何のためにその仕事をしてきたのか、何のためにその事をなしたのかという、根本の部分を忘れてしまったのでしょう。

幕末維新の時代にも、根本の部分を忘れてしまった人々がいました。

「維新創業の初めというのに、立派な家を建て、立派な洋服を着て、美しい妾を囲い、自分の財産を増やす事ばかり考えるならば、維新の本当の目的を全うすることはできないであろう。今となって見ると、戊辰の正義の戦いも、ひとえに私利私欲を肥やす結果となり、国に対し、また戦死者に対し、面目ないことだ」

西郷隆盛はこの言葉を、涙を流しながら話したそうです。純粋な志を持って事業に邁進していたのに、権力を握ると人が変わったように私腹を肥やす連中を、西郷は嫌ったのです。

専心一意、ほかの事は考えない

若い時分に一番盛んなのは、功名心であるから、この功名心という火の手を利用して、一方の色欲を焼き尽すことが出来れば甚だ妙だ。そこで、情欲が盛んに発動して来た時に、じっと気を静めて、英雄豪傑の伝を見る。そうすると、いつの間にやら、段々、**功名心は駆られて、専心一意、ほかの事は、考えないようになって来る。**こうなって来れば、もうしめたものだ。

（『清話』313頁）

聖賢に成らんと欲する志無く、古人の事跡を見、迚《とて》も企て及ばぬと云う様なる心ならば、戦《いくさ》に臨みて逃るより猶《な》ほ卑怯《ひきょう》なり。

（『遺訓』36条）

幕末の志士たちも、過去の偉人を手本にした

年若い時分というのは誰しも、異性のことを考えがちです。色欲とまではいかないまでも、好きな人のことを考えたら、いてもたってもいられない。「試験勉強をしなければいけないのに手がつかなかった」という青春の記憶を持っている人も多いかと思います。恋愛感情は、抑えようとしても抑えられないものですし、無理に我慢する必要もないでしょう。

ですが、過剰な色欲で健康を害することもあるでしょうし、異性の尻を追っかけまわすだけではやはり情けない。そんな若者に対し、欲望を抑えこむには偉人の伝記を読めと海舟はアドバイスします。

若い時には「自分は将来、こうなりたい」「こうなってやる」という夢や、名を挙げたいという大志があるものです。

歴史上に登場する偉人は、夢や大志を叶えた人々です。貧しい身の上から、向上心と策略で天下をとった気迫には、すさまじいものがあります。感受性が豊かなと

きに伝記を読めば「こんな生活をしていてはダメだ」と思い色欲が鎮まると、海舟はいうのです。偉人の志や気迫を乗り移らせるのだともいえましょう。

幕末の志士たちも、過去の偉人を尊敬し「あのようになりたい」と願ったのでした。とくに人気を集めたのが、楠木正成でした。正成は、後醍醐天皇を奉じて鎌倉幕府の打倒に貢献し、建武の新政でも足利尊氏とともに天皇を助けました。尊氏の反逆後も、天皇を裏切ることなく、湊川《みなとがわ》の戦いでは尊氏の軍と戦い、ついには自害します。天皇に忠義を尽くしたヒーローとして、幕末の志士は彼を尊敬したのです。

長州の吉田松陰は、正成の墓碑を参拝し、感激して涙を流しています。久留米藩士で尊王攘夷派であった真木保臣《やすおみ》（和泉）も正成の崇拝者として有名で「今楠公《いまなんこう》」とも呼ばれました。幕末の志士も、歴史上の人物を目指そうと、自分の身を奮い立たせてきたのです。特に若い人は、偉人の伝記を読むことによって、色欲鎮静のみならず、将来の展望がひらけるかもしれません。

西郷も、歴史上の賢人の精神を体得し、常に上を目指してたゆまぬ努力をすることが重要だと述べています。

小理屈は、ちょっと聞けばすぐ解ることだ

活学問《いきがくもん》にも種々、仕方があるが、まず横に寝ていて、**自分のこれまでの経歴を顧み、これを古来の実例に照して、徐《しず》かにその利害得失を講究するの**が一番近路だ。そうすれば、きっと何万巻の書を読破するにも勝る効能があるに相違ない。区々《くく》たる小理屈は、誰か学者先生を執《とら》へて、ちょっと聞けばすぐ解ることだ。※箇中《こちゅう》の妙味は、また一種格別のもので、おれの学問というのは、たいがいこの寝学問だ。

※学芸や物事のもつ奥深い道理

（『清話』320頁）

人智を開発するとは、愛国忠孝の心を開くなり。国に尽し家に勤むるの道明《あきら》かならば、※百般の事業は従て進歩す可《べ》し。

（『遺訓』10条）

※すべての

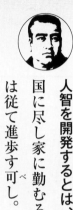

「活学問」の方法

「活学問」とは、実際の生活に役立つ学問でしょう。

学問といえば、本を読むこと、調べることという印象が強いですが、海舟はまず「自分のこれまでの経歴を顧み」ることが大切だといいます。

今風にいえば、要は「過去の自分の行動を振り返ってみよう」「自分史を書いてみよう」ということです。その上で、歴史上の人物の生涯や行動と、自分のそれを照らし合わせて、良い面や悪い面を考えてみようといっています。

比較検討によって、自分はこれからどうするべきか、何が足りないかがわかるようになりますし、逆にみずからの長所や短所も浮かび上がってくることでしょう。

歴史上の人物と比較するというと恐れ多いと感じるかもしれませんが、恐縮ばかりしていても仕方はありません。大きな目標を見据えて、挑みかかるくらいの気迫が必要でしょう。

海舟は、「小理屈は学者先生に聞けばすぐ解る」ともいっています。確かに、専門分野の知識や情報は、専門家に聞いたほうが手っとり早いですね。これなどは、耳学問のすすめといったところです。

西郷は、「人間の知恵を開発」する意味を、愛国心と忠孝の心を持つことにあると指摘しています。国を愛する心と、忠義や孝行心を持つことによって、人々の意欲が倍加し、急速に進歩するからです。

しかし西郷は、むやみやたらにモノを作ればよいという考えではありません。なぜそうしたモノが必要なのか、その根本を見つめ直すことが重要であるというのです。ただ外国のモノを羨み、欲しがり、濫造するだけでは、財政の無駄遣いが生じ、日本は破綻してしまいます。

本当に知恵のある人とは、知識や情報をたくさん持っている人ではなく、そうしたことに思い当たる、気がつける人間のことを言うのではないでしょうか。

進んで風霜《ふうそう》に打たれ、人生の酸味を嘗める勇気を

おれの見たところでは、今の書生輩は、ただ一科の学問を修めて、多少、智慧がつけば、それで満足してしまって、更に進んで世間の風霜《ふうそう》に打たれ、人生の酸味を嘗めようというほどの勇気をもっているものは、少いようだ。こんな人間では、とても十年後の難局に当って、さばきを付けるだけのことは出来まい。おれは、こんな事を思うと心配でならないよ。

（『清話』354頁）

今の人、才識有れば事業は心次第に成さるるものと思えども、**才に任せて為す事は、危くして見て居られぬものぞ。**※体有りてこそ用は行わるるなり。

※本体、原理
（『遺訓』39条）

生きるか死ぬるかのところまで泳いでみることだ

ありきたりの学校教育を受けてきた我々にとっては、耳の痛い言葉です。

海舟は、単なる「お勉強」を激しく嫌う傾向がありますが、本人は凄まじいまでの勉強家でした。蘭和辞書『ズーフ・ハルマ』（五十八巻）を、夜も寝ずに、一年もかかって二部も筆写したという若い頃の逸話は、そのことを証明しています。

しかも、今の学生のように「志望校に合格するために」などのような目的があったわけではありません。「この後の学業、その成否の如き、知るべからず」と海舟が書いているように、先の学業がどうなるかわからないという、虚無の中を進んでいたのです。夏の夜は蚊帳《かや》がなく、冬の夜は襖《ふすま》がない寒い中で、ひたすら筆写に専念する苦行。その苦行自体に、海舟は価値を見出していたのかもしれません。

「艱難汝《かんなんなんじ》を玉《たま》にす」とは、よく言ったものです。苦労や経験こそが人間性を磨き、大成させる。苦労によって人間性がねじ曲がりたくなければ、常に自分の心根をチェックする必要があるでしょう。

海舟は言います。「天下は、大活物だ。区々たる没学問や、小智識では、とても治めていくことは出来ない」と。では、どうすれば良いのか。

海舟の答えは明白です。

「世間の風霜《ふうそう》に打たれ、人生の酸味を嘗《な》め、世態の妙を穿《うが》ち、人情の微を究《きわ》めて、しかる後、共に経世《けいせい》の要務を談ずることが出来るのだ」

つまり、机上の学問ばかりに精を出すのではなく「人間万事に就いて学ぶ」ことをせよと説いています。さまざまなところに行き、いろいろな人と出会い、語り、人間とは何かをつかみとれ、ということでしょうか。

海舟は続けます。「後進の書生に望むのは、奮ってその身を世間の風浪に投じて、浮ぶか沈むか、生きるか死ぬるかのところまで、泳いで見ることだ。この試験に落第するようなものは、到底、仕方がないさ」と。

西郷が『遺訓』（39条）で言っているように、才能や知識が必要ないわけではありません。それにプラスして「真心」がいると述べています。才識と真心が一緒になった時、全てのことが立派に出来上がるのです。

誠意正心をもって現在に応ずるだけ

世間の人は、ややもすると、※芳を千載に遺すとか、※臭を万世に流すとかいって、それを出処進退の標準にするが、そんなけちな了見で何が出来るものか。男児、**世に処する、ただ誠意正心をもって現在に応ずるだけの事さ。**あてにもならない後世の歴史が、狂と言おうが、賊と言おうが、そんな事は構うものか。要するに、処世の秘訣は誠の一字だ。

※良い評判を、長い年月の間残す

※汚名などが、永遠に残る

（『清話』380頁）

人を相手にせず、天を相手にせよ。天を相手にして己れを尽し人を咎《とが》めず、我が誠の足らざるを尋ぬ可《べ》し。

（『遺訓』25条）

私欲を排し、利他に徹する

『氷川清話』における、海舟最後の言葉です。

じつに海舟らしい締めというべきでしょう。

近年、「レガシーを作る」といった表現をよく耳にします。後世に業績として評価されることを期待して計画する事業という意味です。

「あの人はこれをやったのだ」と、何か一つでも歴史に名を残したい気持ちもわからぬではありませんが、海舟から見れば、それは「けちな了見」。世の人、後世の人々が何と言おうと、気にする必要はない。誠心誠意、世の中のために尽くすのみだと、海舟は言っています。

西郷隆盛も「いささかでも、私利私欲を出してはならない」(『遺訓』第1条)、「人を相手にしないで、天を相手にするようにせよ」(同第25条)と語っています。

偉人や英雄には、海舟や西郷のように、他人の目を気にしない人が多いものです。

例えば坂本龍馬も、前に紹介した「世の人は我を何とも言わば言え　我なすことは我のみぞ知る」という言葉を残しています。「他人が自分の言動を理解してくれなくても、自分がわかっていればよいのだ」との意味です。独断的で利己的な生き方を勧めているように思うかもしれませんが、そうではありません。

龍馬も、西郷も、そして海舟も、私利私欲とはかけ離れた人生を送りました。国のために、あるいは多くの人々のために何ができるかを考え、行動したのです。他人のことを重んじる「利他」の精神に溢れていたと、言い換えることができましょう。

利他の精神に充ち、自分の生き方に自信を持ち、自らの身を捨てていたからこそ、他人の視線など気にする必要がなかったのでしょう。それに比べて、現代の日本人は他人の評価や視線を気にしすぎるともいえます。

もちろん、他人の評価を参考にすることも重要ですが、あまりそのことにとらわれると、精神や行動の自由を失ってしまいます。そうならないようにするには、常に利他の心をもって行動することが大切なのです。

西郷は『遺訓』の中で、若き日に熊本藩の家老・長岡監物《けんもつ》から贈られた言葉を紹介しています。

「世の中のことは、真心がないかぎり動かすことはできない。真心に徹すると動きも速くなる。才識と真心が合わされば、すべてのことは成るであろう」（『遺訓』39条）

ここで言う真心も、利他の精神に通ずるものといえましょう。

英雄は英雄を知る。幕末を生きた志士たちには、高邁《こうまい》な理念が共有されていたのです。我々もその教えに学び、少しでも、成長していきたいものですね。

おわりに

ここまで、勝海舟の言葉と西郷隆盛の言葉を対比させながら、彼らの意図するところを読み解いてきました。

海舟や西郷の言葉をそれぞれ個別に論じた書物は多いですが、対比して述べた試みは、管見の限りではありません。その意味でも、本書は他に類のない内容になったのではと思っています。

さて、二人の言葉を見てきて感じたことは、その内容の類似性です。

人生観が似ているといいましょうか。「偉人というものは、同じようなことを考えているのだな」という驚きと感心が、執筆しているあいだに何度も湧き起こりました。違った環境で生まれ育ち、別の人生を歩んできたにも関わらず、二人の信念や精神には相通ずる部分がたくさんあるのです。

別の人生といいましたが、二人の生涯には共通している点もあります。それは、決して順風満帆に出世の道を歩んだわけではないということです。

西郷は二度も島流しに遭っていますし、海舟には役職を罷免されて不遇の時期がありました。普通の人ならば、挫折して人生をあきらめてしまうでしょう。でも、海舟と西郷はひと味違っていました。

本書でも紹介した「人物になると、ならないのとは、自己の修養いかんにあるのだ」（海舟）、「幾たびか辛酸を歴《へ》て志始めて堅し」（西郷）との言葉に象徴されるように、つらく苦しいときにこそ修養を重んじて、みずからを鍛えたのです。不遇な時や失敗した時こそが自分を磨くチャンスだということを、彼らは身をもって示したのです。だからこそ、二人は再起できたのではないでしょうか。

そんな二人は、敵として相対し、江戸城無血開城という偉業を成し遂げます。

この交渉が上手くいったのは、海舟が英国公使パークスを抱き込み、新政府側に圧力をかけたからだという説など、多様な見方があります。確かに、そうした面も皆無とは言えないでしょうが、やはり何といっても大きかったのは、二人の度量の大きさと誠実さではないでしょうか。

「相手のことを信じ、責任は自分がとる」といった覚悟がなければ、まとまるものもまとまらなかったでしょう。実際、戊辰戦争の他の戦線では、敵のことを信用できずに交渉が決裂し、激烈な戦いに発展してしまった例が多くあります。

人生観を同じくする二人であったからこそ、無血開城は成し遂げられたのでしょう。奇跡といえばこれほどの奇跡もなかなかありませんが、その奇跡の裏側には、二人の豊かな人間力があったのです。

この本では、現代人にとっても教訓となるような内容の文章を選びぬき、解説を加えました。あなたの胸に響く言葉は、あったでしょうか。

私は大学の講義でよく、学生に向けて、自戒の念を込めつつ次のようなことを言ってきました。

「歴史上の人物からいくらよいことを学んだとしても、それを真の意味で理解し、実際の生活のうえで活かさなければ何の意味もない」

胸に響いた言葉が一つでもあったとしたら、読者の皆様も是非、それを胸に留めてみてください。そして、普段の生活に活かせるようにしていただければ、作者としてこれに勝る幸いはありません。

最後になりましたが、本書の執筆においては、青月社の編集者である小松久人氏の懇切なご教示に大いに助けられました。末筆ながら御礼申し上げます。

濱田浩一郎

参考文献

（参考・引用文献一覧）

・松浦玲『勝海舟』（中央公論社、一九六八）
・勝海舟『氷川清話　付勝海舟伝』（角川書店、一九七二）
・厳本善治編集『新訂　海舟座談』（岩波書店、一九八三）
・山田済斎『西郷南洲遺訓』（岩波書店、一九九一）
・勝部真長『勝海舟』上下（ＰＨＰ研究所、一九九二）
・勝海舟、江藤淳・松浦玲編集『氷川清話』（講談社、二〇〇〇）
・勝海舟『海舟語録』（講談社、二〇〇四）
・西郷隆盛、猪飼隆明訳・解説『ビギナーズ 日本の思想 新版 南洲翁遺訓』（ＫＡＤＯＫＡＷＡ、二〇一七）
・濱田浩一郎『超訳言志四録　西郷隆盛を支えた１０１の言葉』（すばる舎、二〇一七）

◉ 著者プロフィール

濱田浩一郎(はまだ・こういちろう)

歴史学者、作家、評論家

1983年、兵庫県相生市出身。皇學館大学大学院文学研究科博士後期課程単位取得満期退学。兵庫県立大学播磨学研究所研究員・姫路日ノ本短期大学講師・姫路獨協大学講師を歴任。現在、大阪観光大学観光学研究所客員研究員。現代社会の諸問題に歴史学を援用し迫り、解決策を提示する新進気鋭の研究者。

単著

『播磨 赤松一族』(新人物往来社)、『あの名将たちの狂気の謎』(中経の文庫)、『日本史に学ぶリストラ回避術』(北辰堂出版)、『日本人のための安全保障入門』(三恵社)、『歴史は人生を教えてくれる—15歳の君へ』(桜の花出版)、『超口語訳 方丈記』(東京書籍のち彩図社文庫)、『日本人はこうして戦争をしてきた』(SEIRINDO BOOKS)、『超訳 橋下徹の言葉』(日新報道)、『教科書には載っていない 大日本帝国の情報戦』『昔とはここまで違う!歴史教科書の新常識』(以上、彩図社)、『超訳 言志四録』(すばる舎)、本居宣長『うひ山ぶみ』(いつか読んでみたかった日本の名著シリーズ16、致知出版社)、『龍馬を斬った男 今井信郎伝』(アルファベータブックス)

寄稿

『兵庫県の不思議事典』(新人物往来社)、『赤松一族　八人の素顔』(神戸新聞総合出版センター)、『人物で読む太平洋戦争』『大正クロニクル』(以上、世界文化社)、『図説 源平合戦のすべてがわかる本』(洋泉社MOOK)、『源平合戦「3D立体」地図』、『TPPでどうなる?あなたの生活と仕事』『現代日本を操った黒幕たち』(以上、別冊宝島)、『NHK大河ドラマ歴史ハンドブック 軍師官兵衛』(NHK出版)ほか多数。

訳

『靖献遺言』(晋遊舎)

監修、時代考証、シナリオ監修協力など

『戦国武将のリストラ逆転物語』(エクスナレッジ)、『僕とあいつの関ヶ原』『俺とおまえの夏の陣』(以上、東京書籍)、『角川まんが学習シリーズ 日本の歴史』(KADOKAWA)

勝海舟×西郷隆盛 明治維新を成し遂げた男の矜持
〜『氷川清話』『南洲翁遺訓』に共通する「ゆるぎない精神」

発行日　2018年7月24日　第1刷

定　価　本体1400円＋税

著　者　濱田浩一郎

発　行　株式会社 青月社
〒101-0032
東京都千代田区岩本町3-2-1 共同ビル8F
TEL 03-6679-3496　FAX 03-5833-8664

印刷・製本　シナノ印刷株式会社

ISBN 978-4-8109-1321-7